대항해시대의 일본인 노예

대항해시대의 일본인 노예

초판 1쇄 발행 2021년 10월 15일

지은이 루시오 데 소우사, 오카 미호코
옮긴이 신주현
펴낸이 강수걸
기획실장 이수현
편집장 권경옥
편집 윤소희 강나래 김리연 신지은
디자인 권문경 조은비
경영관리 공여진
펴낸곳 산지니
등록 2005년 2월 7일 제333-3370000251002005000001호
주소 부산시 해운대구 수영강변대로 140 BCC 613호
전화 051-504-7070 | 팩스 051-507-7543
홈페이지 www.sanzinibook.com
전자우편 sanzini@sanzinibook.com
블로그 http://sanzinibook.tistory.com

ISBN 978-89-6545-746-6 03900

아시아총서 41

기록으로 남은 16세기 아시아 노예무역

대항해시대의 일본인 노예

루시오 데 소우사 • 오카 미호코 지음 | 신주현 옮김

산지니

◆ 일러두기 ◆
원서의 각주는 미주로, 역주는 각주로 표시하였다.

◆ 머리말 ◆

16세기 말 세 명의 일본인 '노예'가 멕시코로 건너갔다는 것을 보여주는 사료가 나타났다는 2013년 5월 13일 자 『요미우리신문』의 기사는 센세이셔널하게 보도됐다. 실제로 이 사료를 입수한 것은 2010년의 일로, 이미 학회 보고 등에서도 인용되었기 때문에 '새로운 발견'의 측면은 미미한 것이었다. 그래도 교과서에서 전혀 접해 본 적 없는 이런 종류의 사료 제시가 일반인에게는 꽤나 신선하게 받아들여진 모양이다.

사실 우리는 이 사료가 일본인에게 그다지 반향이 있을 것으로 생각하지는 않았다. 왜냐하면 남만무역(南蠻貿易)*에서 적지 않은 일본인의 인신매매가 이루어지고 있었다는 것은 2차 세계대전 전에 이미 오카모토 요시토모(岡本良知)가 증명했고, 전국시대부터 오다-도요토미 정권기의 일본을 선명하게 묘사한 일역 문고판 루이스 프로이스 『일본사』에도 그에 관한 서술이 많이 등장하기 때문이다. 최근에는 후지키 히사시(藤木久志) 등의 연

---

* 16세기 대항해시대 유럽의 도래로부터 쇄국이 시작되기 전까지 일본에서 유행했던 일본의 대(對)서양 무역을 일컬음. '남만'은 본래 남중국, 류큐, 동남아시아 등지를 가리키는 용어였는데 이 시기 조우한 유럽 세력도 포괄하게 됨.

5

구를 통해서 일본 국내에 고대부터 '노예적' 존재의 사람들이 있었고 전국시대에는 '노예'로 팔기 위해 적지에서 인간사냥 행위가 일상적으로 이루어졌다는 것 또한 널리 알려졌다.

그런데 전국시대 일본 내에 '노예'가 된 사람들이 다수 존재했고 포르투갈인이 그들을 해외로 내보냈다는 것이 상당히 오래전부터 이야기됐음에도 그 사실이 일반인에게는 거의 알려지지 않았고 전문적인 남만무역과 그리스도교사 연구에서도 이 문제의 세부적인 데까지 깊이 파고들지 않았다. 어째서 그런 것일까.

첫 번째 이유는 16~17세기 국내외 사료에서 남만무역의 '인신매매'에 대한 언급이 지극히 적다는 점을 들 수 있다. 이것은 특별히 일본에 한정된 것이 아니라 일본인보다 수치상 훨씬 더 많이 거래되었을 인도인이나 동남아시아 섬 지역 사람들에 관해서도 마찬가지이다. 기록이 남기 어려웠던 이유는 세계각지에서 인신매매를 성행시킨 포르투갈 상인에게는 그러한 행위가 지나치게 일상적이었다는 점과, 동시에 포르투갈 국왕과 포르투갈령 인도 식민지 총독 등 정치적 권력자에게 있어서는 표면상으로 그것이 수차례 금지된 '위법 상거래'였기 때문이다.

오히려 '밀무역'에 대한 언급은 공공연하게 많이 나타난다. 이슬람 세력과의 공방전이나 요새 주둔용으로 필요한 병력, 나아가서는 아시아 역내무역도 그들 없이는 유지될 수 없었기 때문에 '인신매매'에 대해서 구체적인 기록이 거의 없음에도 그들의 존재 그 자체는 사료 여기저기에 나타나는 것이다.

두 번째 이유는 총체적으로 사료가 적을 뿐만 아니라 어떤 사람이 어떠한 경로로 일본으로부터 해외로 건너가서 그들이 어떤 생활을 했는지를 구체적으로 보여주는 사례가 부족하다는 점을 들 수 있다. 앞서 언급한 사료는 개별 사례를 구체적으로 보여주는 것일 뿐만 아니라 일본인 노예가 1인칭으로 말한 재판소에서의 '증언기록'이었다. 그 자신이 체험한 말로써 전해지면서 막연했던 '인신매매'의 이미지를 더욱 현실감 있게 재현할 수 있게 되었고 이것이 사람들의 관심을 끌었던 것으로 생각한다.

다만 이러한 정보는 피상적인 일본 남만무역 관련 사료로부터 도출할 수 있는 것이 아니다. 우리가 이 세 명의 '일본인 노예'에 관한 기록을 찾은 것은 마카오, 나가사키, 마닐라를 전전하며 살았던 '유대인' 일가의 이단심문 재판기록 속에서였다. '유대인'이라고는 해도 국적은 포르투갈인이고 더욱이 표면적으로는 가톨릭 신자였다. 어째서 '유대계' 포르투갈인이 16세기 나가사키에 거주하였고 일본인을 노예로 삼아 동행하여 아시아 각지를 전전하였던 것인가. 그것은 다름 아니라 아시아와 '인신매매'로 다양한 문화적 정체성을 지닌 이베리아반도 사회의 역사가 복잡하고 밀접하게 얽힌 결과였다.

본서에서는 우리가 알고 있는 위대한 탐험가들의 '대항해시대'라는 커다란 역사의 흐름에 묻혀 남몰래 생애를 마쳤던 사람들의 '대항해'에 빛을 비춤으로써 이베리아 세력의 세계 진출이 갖는 그늘진 일면을 보려고 한다.

◆차례◆

서장 ## 교차하는 디아스포라─일본인 노예와 개종한 유대인 상인의 이야기

보론   # 예수회와 노예무역

1. 나가사키의 노예 시장

2. 임진왜란

3. 나가사키의 아프리카인 노예

〈지도2〉 본서에 등장하는 중남미 주요 도시

마드리드

리스본

세비야

상투메 프린시페 섬

루안다(앙골라)

과나후아토

아와카트란

멕시코시티

과달라하라

아카풀코

카르타헤나(콜롬비아)

베라크루스

리마(페루)

포토시(볼리비아)

코르도바(아르헨티나)

산티아고(칠레)

부에노스아이레스(아르헨티나)

나가사키

마카오

고아

코친

말라카

마카사르

인 도 양

모잠비크

〈지도 1〉 유라시아의 포르투갈인 노예무역 거점

서술에 앞서

포르투갈에서 '아시아인 노예'의 성격

포르투갈과 스페인의 해양진출이 성행했던 16세기 전반, 아직 지구상의 지리와 유라시아 대륙의 여러 민족에 관한 정보는 지극히 불투명했다. 아시아에 관해서는 '동인도', 아메리카 대륙에 대해서는 '서인도'라는 호칭이 유럽에서는 일반적으로 통용되고 있었다.

포르투갈에서는 아시아인 노예가 통상 '인디오스 데 나송' 즉 '포르투갈이 (토르데시야스 조약에 의해 명목상) 지배하는 지역의 선주민'이라는 카테고리로 분류되었다. 그 분류에 더해서, 좀 더 정확한 출신지 혹은 피부색이 표지로서 덧붙여졌다. 이러한 '인디오(Indio)'에는 아프리카의 동해안 카프리(cafre: 주로 모잠비크 주변 지역을 가리킴)부터 중국해 주변 지역의 사람들, 더 나아가 일본인까지가 포함된다.

예를 들어 1590년에 리스본에서 해방된 주스타 카메라라는 이름의 중국인 여성에 관한 기록에서는, '인디오 시나/중국의 선주민 여성'으로 적혀 있다. 또한 1596년 11월 7일에 리스본에서 해방된 일본인 여성 마리아 페레이라는 '인디아 에 쟈포아/(동)인도의 선주민이자 일본인'이라고 기록돼 있다. 1571년 11월 19일 자의 리스본시 공정증서(公正證書)에서는 디오고라는 이름의 노예 해방이 증명되었는데, 그는 '(동)인도 샴족'이라고 한다. 리스본시 페나 교구의 혼인기록에는 안토니오 페르난데스와 로렌조 다 실바의 혼인기록(1594년 5월 8일 자)이 있으며, '양자는 (동)인도 출신, 남성은 자바인, 여성은 아비시니아(에티오피아)인'이라고 적혀 있다.

동인도의 선주민임을 나타내는 '인디오(남성형)/인디아(여성형)'로 분류되는 사람들은 지리적으로는 광대한 범위의 아시아, 아프리카 동해안 전체의 출신자였다. 거기에 좀 더 한정적인 지역이나 출신지 명칭이 덧붙여지는 때도 있지만, 막연히 '인디오/인디아'라고 기록되어 그들이 지리상으로 인도 출신자인지 혹은 동인도(아시아, 아프리카 동해안) 출신자인지 실제로는 판별하기 어려운 사례도 상당하다.

일례로 1555년 7월 15일에 리스본의 세(Se, 대성당) 교구에서 세례를 받은 바르나베라는 남아의 모친은 '에스크라바(여자 노예)'로, 이름은 이네스 페르난데스, '독신의 인디아'로 기록돼 있다.

1571년 12월 1일, 같은 교구에서 도나 마가리타라는 포르투갈인 여성이 소유한 여성 노예가 사망하였는데, '인디아'라고만 기록돼 있다. 매우 드문 경우이기는 하지만 출생지의 명칭만 기록된 때도 있다. 예를 들어 1551년 6월 16일 자에 '중국에서 출생한 안토니오'가 포르투갈 국왕의 은혜로 해방되었다는 기록이 있다.

또한, 종교와 피부색 등의 특징이 마치 이름처럼 기재된 사례도 다수 있다. 예컨대 앞서 언급한 1590년 리스본에서 해방된 중국인 여성 노예 주스타 카메라의 해방증서에는 '주디아', 즉 유대교도임을 나타내는 용어가 부가되어 있다. 또 한 사람은 중국 출신의 인디아 노예로 1609년에 포르투갈의 이단심판 재판에서 심문을 받은 빅토리아 디아스라는 이름의 여성이다. 이 여성 또한 '중국 출신의 인디아, 유대교도'라고 기록돼 있다. 종교재판 끝에 이 여성은 무죄판결을 받았다.

아시아인 유대교도 노예라는 것은 그들 주인이 본래 유대교도인 포르투갈인일 경우에 나타나는 특성이다. 안드레라는 이름의 자바인 노예의 혼인에 관한 1600년의 리스본 세(Se) 교구의 기록에서는 '인디아 자바족 출신 갈색 피부'라는 특징이 기록돼 있다. 포르투갈에서는 중국인, 일본인, 조선인의 구별은 그다지 명확하지 않았는데 예컨대 '중국인/시나'라고 기록된 경우에도 실제로는 다른 동아시아 지역 출신자였을 가능성이 있다.

아메리카 대륙의 인디오와 아시아의 인디오 간에도 그 구별이 어려울 수가 있다. 다만 브라질의 인디오에 대해서는 도덕적으로 미성숙하여 손쉽게 자살을 저지르기 때문에 일을 시키기에는 적합하지 않다고 여기는 경향이 있었다. 이탈리아인 필립보 사세티는 "포르투갈은 세계의 온갖 지역의 인간을 노예로 부려 왔지만 브라질에 대해서만은 예외다."[1]라면서 그 이유를 상술한 바와 같이 들고 있다. 하지만 포르투갈인이 중국 당국으로부터 체류를 허가 받기 시작한 항구도시 마카오에서는 '시나'가 황인종 전반이 아니라 한정적으로 '중국인'을 뜻했다.

스페인령 아메리카에서 '아시아인 노예'의 성격

오늘날에는 포르투갈뿐만 아니라 스페인령 아메리카에서도 많은 아시아인 노예가 존재했다는 것이 알려져 있다. 따라서 스페인령 아메리카에서의 용어 관련 문제에 대해서 다루어 두도록 하자. 스페인령 아메리카에서 사용된 나라와 인종을 나타내는 '시나(China)'라는 단어는 통상 더 광범위한 아시아 지역 혹은 아시아인의 의미로 쓰였다. 아메리카 대륙에 건너갔던 아시아인 노예의 경우 다수가 '시나'라는 단어로 표현되었다. 그렇다 하더라도 실제로는 일본인, 인도인, 중국인, 필리핀인 기타 동남아시아 여러 지역 출신의 '시나'가 매우 많았다. 일례로 1613년에 실시된 페루 리마에 거주하던 인디오 인구에 대한 조사에서는 많은 '시나'의 존재가 확인된다.[2] 그러나 이들의 실제 출신지는 포르투갈인이 교역에 종사한 인도를 중심으로 한 아시아 여러 지역과 동남아시아였을 가능성이 높다.

> 그들은 예전에 비밀감옥에 갇혀 있던 (인도의) 코친 출생 안토니오 시노라는 이름의 '시노'를 데리고 오도록 명하였다….[3]

위와 같은 표현은 스페인령 아메리카의 사료에 빈번히 나타난다. 즉, 포르투갈에서 '인디오/인디아'라는 말로 표현된 '아시아인'이 스페인령 아메리카에서는 '시노/시나'라는 말로 치환되었다고 할 수 있다. 그뿐만 아니라 포르투갈과 마찬가지로, '일본 출신의 인디오/인디아', '시나 출신의 인디오/인디아'라는 표현처럼 '인디오/인디아'=아시아인으로서 사용되는 경우도 있다.

이제까지 필자가 직접 경험한 바로는 역사 자료에서 '시나' 출신으로 일컬어진 사람의 실제 출신지는 필리핀 제도인 것으로 추정되는 사례가 많았다. 왜냐하면 스페인령 아메리카에 건너갔던 아시아인은 압도적으로 필리핀 출신자가 많기 때문이다. 아시아인이 다수 존재했던 멕시코시티와 같은 대도시에서는 더 명확한 지역 구별이 이루어지는데, "더 교화된, 사역에 적합하다는 점에서, 필리핀 제도보다는 중국인, 일본인, 자바인 등을 보내는 것이 바람직하다."[4]는 기록도 있다. 그 밖에 스페인령 아메리카에서 '시나'라는 말은 어린 인디오 소녀를 표현하는 단어로도 사용되었다. 일반적으로 그녀들은 가난한 고아로서 동정의 대상으로 취급되었다.

노예와 준노예에 관한 용어

영어에서 노예를 뜻하는 'slave'에 대응하는 '이스크라부 (escravo)'라는 단어 외에도 노예적 형태의 속성을 표현하는 용어가 몇 가지가 더 있다. 스페인어와 포르투갈어에서 거의 동일하게 사용되는데 여기에서는 포르투갈어를 기준으로 제시한다.

모수/모사 moço/moça

위의 단어는 이스크라부를 제외하고 가장 빈번하게 사용된 용어이다. 이 말의 정확한 정의는 없지만, 일반적으로는 어린 남녀이면서 예속적인 상태에 있는 사람을 가리킨다. 모수라는 말은 기본적으로는 청년기부터 노년기까지의 남성을 의미하는 데 반해 모사라는 여성형은 일반적으로 결혼적령기, 가임기의 여성만을 대상으로 한다. 다만 '조안나, 티무르 인 모사, 60세'[5]라고 기록된 용례도 있어 그 정의와 용례 면에서 애매한 부분도 있다.

모수/모사는 노예 상태의 남녀를 표현하는 동시에 통상의 젊은 남성/여성을 표현하는 말로도 쓰이기 때문에 사료상에서는 '노예적 상태'를 암암리에 의미하면서도 그것을 명확하게 하지

대항해시대의 일본인 노예

는 않을 목적으로 일부러 이 말을 사용하기도 한다. 특히 남만무역에 관한 마카오의 사료라든지, 예수회의 일본 관련 사료 등에서는 '이스크라부'나 '카치부(전쟁 등으로 생포되어 노예 처지에 빠진 자)'의 대용어로서 빈번하게 쓰였다. 뒤에 언급하겠지만 이러한 용어 사용은 1570년대 이래 일본인 노예 거래가 포르투갈 국왕에 의해 공식적으로는 금지된 것에서 비롯했다.

앞서 밝혔듯이 모수/모사는 일반어로서 '젊은 남/녀'를 의미한다. 같은 의미로 사용된 용어로 '메니노/메니나(menino/menina)'가 있다. 기본적으로는 미성년 남녀를 표현하는데 미성년이기 때문에 양육과 '어른의 감시'가 필요한 것을 전제로 노예적 취급을 받는 경우가 있다. 이러한 어린 노예의 경우 주인이 '친부모 대신 양육하는' 것으로 생각되었다.

모수 데 세르비수 moço de serviço

이 단어는 노예인 경우와 단순한 하인인 경우 두 가지 모두를 포함한다. 어느 쪽이든 맡은 일의 내용은 동일하다. 노예인 경우는 단순히 '모수 데 세르비수'라고 불렸고 단순 하인인 경우는 여기에 더해서 '자유민(livre)' 등의 형용사가 더해졌다. 예를 들어 '마누엘 항해사의 모수 데 세르비수, 25세, 자유민'[6]과 같이 표기되었다. 같은 표현으로 '젠치 데 세르비수(奉公人, gente de serviço)'라는 말이 있다. 이는 전술한 모수 데 세르비수(노예, 비노예 모두

칭함)의 집합체인데 표현 그 자체로는 노예, 비노예의 구별이 없다. 특히 예수회 사료에서 이러한 표현이 사용되었다.

모수 카치부 moço cativo

'모수' 그 자체는 노예 상태에 대한 애매한 표현이지만 '카치부'는 명확히 생포되었던 노예임을 명시하는 표현으로 노예로서의 의미가 강조된다. "병원장의 특별한 명령 없이는 모수 카치부를 치료하기 위해 병원에서 받아서는 안 된다."[7]

모수 포르 아누스 데 세르비수 moço por anos de serviço

이 용어는 자발적인 것이 아니라 타인에 의해 한시적인 계약으로 노예적 봉공인이 된 이를 가리킨다. "사전 계약에 서명시켜 구입한 모수나 모사들 중 몇 사람은 고용살이 계약에 서명하게 했다."[8] 동시대의 사료를 보면 이러한 '고용살이 계약'의 형태는 유럽에서는 보이지 않고 주로 일본에서 한정적인 계약 형태로 나타난다. 유럽의 상인들은 고용살이 계약의 의미를 이해하고 있었던 것 같지 않고, 자신들의 편의대로 그들의 신분을 '영구적 노예'로 바꾸는 경우가 많았다.

이러한 모수들은 소유자로부터 해방되어 더 이상 노예의 상태에 있지 않은 것을 명확히 하기 위해 '해방된(forro/liberto)'이라는 형용사가 덧붙여지는 경우가 있다. 그러나 '해방 노예'라는 말이 반드시 '자유민'과 같았던 것은 아니고 예속 신분이었던 과거와 구별하는 의미가 포함되어 있었다. 용례로서는 "그 밖에 어떠한 노예, 민족, 해방 노예, 카치부를 막론하고 커다란 카타나를 지닌 자를 (고아로) 데리고 와서는 안 된다."[9]라는 인도 부왕정청(副王 政廳)의 금령이 있는데, '카타나'의 부분은 로마자로 'catana'라고 표기돼 있는 점을 볼 때 일본인 용병을 가리키는 것으로 보인다.

메니누/메니나 memino/memina

소년 노예를 가리킬 경우 일반적으로 '어린 남녀'를 뜻하는 메니누/메니나(memino/memina)라는 말이 사용되었다. 이 말의 용례로는 유언장 등에서 "안토니오라는 이름의 해방된 메니누(소년)는 내가 자식이나 다름없이 키웠으니 그에게 헤알(Real)화 150파르다우(pardau)를 남긴다."[10]라는 표현이 있다.

그리스도교도인 주인에게 소유된 노예의 경우 기본적으로 가톨릭 세례를 받게 되었는데, 이러한 소년 소녀들이 반드시 그리스도교도였다고 단정할 수는 없다. 마카오에서는 적어도 '미세례자'인 소녀들이 존재했던 것이 확인된다. 소년 노예는 반드시 사역의 대상은 아니었고 권력과 부의 상징으로 소유되어 소유자의 '자비'를 나타내며 가정의 어린아이들과 동일하게 교육을 받는 경우가 있었다. 어느 정도 부를 갖춘 마카오의 상인들은 평소 다양한 민족의 소년 노예들을 곁에 두어 시중 들게 했다. 린스호텐(Jan Huygen van Linschoten)의 『동방안내기』에 보면 소년 노예가 주인에게 양산을 씌워 주거나 주인집 자제들의 시중을 드는 삽화들이 있다.

연소자의 인신매매는 노예로서 사역의 목적뿐만 아니라 양자로 들여 키우기 위한 목적으로 행해지는 경우도 있었다. 다음의 유언장에서는 그러한 구체적인 사례를 명확히 알 수 있다.

"이냐시아라는 이름의 메니나에게 헤알화 100타엘을, 또한 헤알화 100타엘을 주앙이라는 이름의 고아 메니누에게 남긴다. 두 사람은 모두 내가 친자식이나 다름없이 키웠다."[11]

같은 유언장의 또 다른 사례에서는 양자처럼 길러진 이러한 연소자들의 신분이 자유민은 아니고 어디까지나 노예였다가 성인이 된 후 혹은 주인의 사망으로 해방되는 경우를 볼 수 있다.

"루이자라는 이름의 메니나를 생후 20일에 구입하였다. 그것은 카치부(cativo)로서가 아니라 딸에 대한 애정과 같은 것이었다. 실제로 나는 그와 같은 애정을 담아 그녀를 길렀다. 장차 현세에서 생기는 일상의 어떠한 불행(불우한 죽음)이 일어날 경우 나는 그녀를 영구적인 자유신분으로 해방시킨다는 점을 명확히 한다. 또한 그녀에게는 결혼적령기에 달할 때까지 일본과 마닐라에서의 생활을 위해 500파타카(pataca)를 남긴다."[12]

〈그림 1〉 린스호텐 『동방안내기』 삽화. 인도계 포르투갈인 부인 및 각종 노예의
모습이 보인다.

비샤 bicha

이 단어는 옛 포르투갈어로 가정에서 기르던 암컷 동물(개나 고양이 따위)을 가리키는 말이었다. 포르투갈 북부의 트라스우스몽테스(Trás-os-Montes) 지방에서는 여성 성기를 뜻했다. 마카오에서 비샤는 세례를 받기 위해 성매매 일을 그만둔 상태의 젊은 여성을 의미했다. 이후 이 단어는 중국인 젊은 여성 노예(10대 후반부터 20대)를 가리키는 말로 사용되기도 하였다. 필자가 보기에 본래 이 단어는 중국인 여성을 가리킬 때만 사용되었고 다른 민족 여성에게는 사용되지 않았다.

1631년에 기록된 마카오 주민의 유언장에는 비샤에 관해서 다음과 같이 언급되어 있다. "이 망자는 유언장에서 그 집에 사는 현재 19세의 안토니아라는 이름의 비샤를 해방한다고 선언하였다."[13]

공식 기록에 나타나지는 않지만 마카오의 상인들 사이에서는 은어로 상당히 오랫동안 사용되었을 가능성이 있다. 이후 마카오에서 이 표현은 마카오 주재 어린 아시아인 여성 노예를 가리키는 단어로 쓰이며 중국인에만 한정하지 않게 되었다. 1631년의 유언장에는 '비샤 벵갈족'이라는 표현이 보이는데 마리아라는 이름의 고아가 30년간 시녀 역할을 하였다고 명시하고 있다.

대항해시대의 일본인 노예

〈그림 2〉 합스부르크 왕조 스페인 국왕 카를로스의 왕녀 후안나의 초상화(크리스토방 모라이스Cristóvão de Morais 작품, 벨기에 왕립미술관 소장). 이 시대 궁정에 존재했던 유소년 노예는 부귀와 자애의 상징으로서 그림에도 묘사되었다.

네그루 negro

옛 포르투갈어에서 이 표현은 아프리카인, 인도인, 동남아시아인 등 피부색이 짙은 다양한 인종의 사람들에게 사용되었다. 하지만 오늘날과 마찬가지로 주된 대상자는 아프리카인이었다. 마카오에서 이 '네그루'라는 단어가 사용된 경우 통상 '노예'를 의미하고 출신지는 인도 등지인 경우도 있지만 대부분 아프리카, 특히 잠베지(Zambezi)강 모잠비크 중앙부 출신자들에 한정된 용례가 가장 많았다. 예컨대 마카오에서 결혼을 했고 조타수 조수 일을 했던 50세 네그루 프란치스코는 모잠비크 세나족 출신의 해방 노예였다.[14]

카프리인 cafre

포르투갈인의 종복이 된 사람에 대한 인종을 표현하는 용어로서 '카프리인'은 매우 자주 보인다. 오다 노부나가 소유의 총애받던 하인 '야스케(彌助)'라는 흑인 노예도 문헌에서는 '카프리인'으로 적혀 있다.[15] 그 밖에도 '은혜를 모르는(ingrato)', '배교자(renegado)', '불충불의한 자(infiel)', '신심이 없는 자(incrédulo)' 등의 불명예스러운 속성으로 불렸던 것도 이 카프리인들이었다. 포르투갈인은 적도 이남의 아프리카인이면서 이슬람교도는 아닌 자들, 한마디로 더욱 야만적이고 비천한 토속 신앙을 믿는 자들을

〈그림 3〉 가노 나이젠(狩野內膳, 1570~1616) 작 남만병풍에 묘사된 포르투갈인
을 따르는 노예들(리스본 고대미술관). 흑인 외에 아시아인으로 보이는 사람도 수
행하고 있다.

두고 '카프리'라고 불렀다. 구체적으로는 아프리카 대륙 동남부 모잠비크 주변의 사람들을 가리킨다. 이탈리아 예수회원 그레고리오 풀비오가 인도로 가는 항해 중에 적었던 서한에는 "포르투갈인들의 이 섬(모잠비크 섬)에는 대변위의 높은 장관을 옹위하는 요새가 있다. (그 요새는) 매우 크고 전장 3마일 정도 되며 거기에는 얼마간의 포르투갈인 외에 그 지역 출신자, 즉 카프리라고 불리는 자들이 살고 있다."[16]라고 쓰여 있다.

카스타 casta

포르투갈인의 노예는 실제로 다양한 민족, 부족의 출신자들로 구성되었는데, 그들의 민족을 표현하는 말로 '카스타'라는 말이 붙는 사례가 자주 보인다. 일례로 어떤 유언장에는 "시나의 카스타로 그라시아라는 이름의 어린 여자 노예가 베르나르도 도 그라세스(가르세스)의 가정에 있다. 나는 이 여자아이를 나의 양녀로 (계약상 남은) 수년간 봉공하도록 명했다. 봉공 기간이 종료되면 편의를 봐주기 바란다."[17]라고 되어 있다.

이상 제시된 노예들의 속성을 내포하는 포르투갈어 단어는 시대에 따라 다른 의미로 사용되는 것도 있다. 하지만 16~17세기에는 이러한 의미로 사용되었다는 것에 주의를 기울일 필요가 있다. 현대어의 표준적인 의미로 이러한 용어를 이해하려고 한다면 오해의 원인이 될 것이다.

선행연구

아프리카 노예무역에는 미치지 못하지만 18세기 말 이후 포르투갈인에 의한 아시아인 노예의 인신매매 역사에 대해서는 중요한 선행연구가 존재한다.

16~17세기의 일본인 노예의 거래에 관해서 특히 중요한 서술이 보이는 것은 레온 파제스의 『일본절지단종문사(日本切支丹宗門史)』(Pages 1867, 번역본 1940)와 그 『자료집』이다. 파제스는 1598년 나가사키의 예수회원 등에 의해 정리된 노예 거래에 관한 보고서를 소개하고 분석했다. 그 보고서에는 나가사키에서 이루어지고 있던 일본인과 조선인의 노예 거래와 그에 의한 폐해가 명시되어 있는데, 파제스는 그 전문을 『자료집』에 불어로 번역 소개하였다.

20세기 초 오카모토 요시토모(岡本良知)는 파제스가 소개한 문서를 통해 일본에서 처음으로 16~17세기의 노예무역이 이루어졌던 사실을 분명히 하였다(岡本, 1974). 오카모토 요시토모의 연구에는 파제스의 영향을 받았다고 생각되는 지점이 도처에 보이지만 스페인과 포르투갈에서 새롭게 발견된 사료도 이용하고 있다. 오카모토가 파제스보다 진일보한 지점은 인도에서 공포된 일본인 노예 거래에 관한 다양한 법령에 착안하여 분석했다는 것이다. 이들 법령으로부터 포르투갈인이 체재하였던 아시아 여러 도시, 특히 포르투갈의 인도 부왕정청이 설치하였던 고아에서 일본인 노예의 존재가 매우 중요했다는 점이 알려졌다.

그 후 일본에서 연구한 적이 있는 스페인 연구자 호세 루이스 알바레스-탈라드리즈는 포르투갈인이 일본인에게 행한 노예 거래에 대해서 논문을 작성하였다. 탈라드리즈의 연구에서는 노예 무역에 관한 동시대 예수회원의 서한 기록이 많이 소개되었는데, 오늘날에도 매우 귀중한 연구재료를 제공한다. 이들 서한의 원문은 로마 예수회 역사문서관과 바티칸 공문서관 등에 소장되어 있다. 탈라드리즈의 연구에서는 일본에서 노예 거래에 종사한 유럽인, 반대로 일본에서 범죄자로 체포되어 노예적 신분에 빠진 유럽인 등이 상세히 묘사돼 있다(Alvarez-Taladriz, 1970).

토마스 넬슨의 연구는 포르투갈이 일본에서 행했던 노예무역에 초점을 맞춰 선행연구를 망라하여 소개하면서 문헌학적인 고찰에 있어서도 유익한 정보를 제공하였다(Nelson, 2004). 근년에는 레오놀 디아스 데 세아브라(Seabra, 2011)나 이보 카네이로 데 소우사(Sousa, 2011) 등에 의해 마카오에 존재하였던 다국적 노예, 해방 노예들이 이루었던 공동체 사회의 실태가 밝혀지고 있다. 세아브라나 소우사의 연구는 일본인의 노예무역에 특화된 것은 아니지만 그들의 연구를 통해서 마카오에 존재하였던 복수의 일본인 이름이 상세히 밝혀진 만큼 필시 마카오에 일본인의 공동체가 존재했으리라는 가능성을 추론할 수 있다.

중국인 연구자 진궈펑과 우지량은 마카오에서 행해진 포르투갈인에 의한 중국인의 인신매매를 밝혀냈는데 일본인 노예의 무역 연구에 있어 구조적인 문제를 생각하는 데 매우 유익하다.[18] 동시대 스페인의 세비야에 있었던 중국인들에 대한 연구로는 후안 힐이 가장 우수하다(Gil, 2002). 또한 최근 다카세 고이치로는 포르투갈의 인도령 정부와 본국의 통신기록인 『몬순 문서』에 나타나는 아시아인, 일본인 노예의 거래에 관한 사료를 상세한 각주, 해설과 함께 간행하였다(高瀨, 2011).

일본인이 외국인에게 팔아 넘겨지기까지 국내에서의 과정과 역사적 전제에 관해서는 후지키 히사시에 의한 선구적인 연구(藤木, 2005)를 시작으로 근년에는 시모주 키요시의 신중한 실증연구가 크게 참고가 된다(下重, 2012). 또한 이들 국내적 요인과 해외에서 일본인 노예의 실태를 유기적으로 연결하여 물 흐르듯이 설명한 기타하라 준(北原, 2013)과 와타나베 다이몬(渡邊, 2014)의 연구가 있는데 포괄적인 이해를 용이하게 한다.

그러나 해외에서의 일본인 노예 실태에 대해서는 역시 오카모토 요시토모의 연구가 주 인용 대상이며 신출사료로부터 뽑아낸 개별 사례를 묶어서 포르투갈인에 의한 일본인 노예무역의 전체적인 구조를 제시하는 이 책은 내용을 달리한다고 말할 수 있다.

대항해시대 중남미에 건너간 일본인에 관한 연구는 사실 상당히 오래전부터 존재했다. 일본에서 가장 먼 아르헨티나에 관해서는 카를로스 아사두리안이 코르도바에서 발견된 일본인 노예에 관한 기록을 연구하였고(Assadourian, 1965), 관련 사료의 추적조사를 시행하고 새로운 식견을 더한 오시로 데쓰조(大城, 1997)의 연구가 있었다. 게이초 사절(慶長遣歐使節)과 관련 깊은 멕시코의 과달라하라에 있던 복수의 일본인들에 대해서는 하야시야 에이키치에 의한 사료소개와 분석(Hayashiya, 2003)이나 근년에는 여기에 더하여 멕시코인 연구자인 메르바 하르쿠 레제스와 에크토르 팔라시오스 등이 연구를 심화하였다(Reyes & Palacios, 2011/Reyes, 2010).

또한 벨노리마시에서 1613년 서기관 미겔 데 콘트레라스가 수행한 인구조사에 등장하는 일본인과 아시아인의 기록은 쿳쿠 등의 손에서 1960년대에 번각(飜刻), 간행되었으며(Contreras, 1968) 그 내용은 이미 남미와 스페인의 학계에서는 상식적인 것이 되었다. 이러한 연구를 알기 쉽게 정리하고 새로운 사실을 함께 소개한 것으로 브라질의 일본어 신문인『닛케이 신문』에 연재되었던 후카사와 기사유키의 "일본인 노예의 수수께끼를 좇아서"(2009)가 있다. 여기에서 언급한 연구 이외에도 본서에서는 다양한 연구자에 의한 사료 발굴이나 해설 및 그들의 연구를 참조하였는데, 책 말미의 상세한 참고문헌을 참조하기 바란다.

이처럼 포르투갈인에 의한 일본인을 포함한 아시아인 노예 거래에 관한 다양한 사료와 기록은 19세기 이후 면면히 세간에 소개되고 있지만 일본인에 대한 국제적인 인신매매에 관해서는 아직 역사적 사실로서 인지되고 있다고는 말하기 어려운 것이 현실이다.

필자는 수년 전 큰 규모의 국제학술회의에서 포르투갈인에 의한 일본인의 인신매매에 대해서 언급했는데, 대항해시대의 아시아 해역사를 전문으로 하는 세계적으로 저명한 연구자로부터 "그런 말은 들은 적이 없다. 날조가 아닌가"라는 발언을 들었다. 이러한 무지는 이 문제를 동시대 사료에 기초한 실증적이고 체계적인 연구가 결여돼 왔던 데에서 기인한다. 이 책은 부족하게나마 그 결여를 보충하고, 되도록 평이한 문장을 써서 포르투갈인이 행한 일본인 노예 거래의 실태와 국제 네트워크를 실증적으로 밝혀보려고 한다.

서장
—

교차하는 디아스포라-일본인 노예와
개종한 유대인 상인의 이야기

가스팔 페르난데스 하폰의 증언

　일본인 노예 가스팔 페르난데스(일본인명은 미상)는 분고, 현재의 오이타현에서 1577년에 태어났다.[1] 8세에서 10세 정도까지 친부모 아래에서 자라던 가스팔에게 어느 날 인생 일대의 전환이 일어났다. 유괴되어 나가사키로 끌려가게 되었던 것이다. 그의 가족이나 그를 유괴한 인물에 대한 상세한 사항은 확실치 않다.[2] 유괴 경위를 기록한 두 종류의 사료를 통해 살펴보아도 후에 그의 주인이 되는 포르투갈 상인 루이 페레스에게 가스팔을 판매한 일본인이 그 획득 경로를 설명하지 않았기 때문이다. 가스팔의 주인이 된 페레스는 포르투갈인으로 '유대교에서 개종한 신(新)그리스도교*' 흔히 말하는 '콘베르소(converso)'였다. 페레스는 고아 이단심판소의 박해를 피하기 위해 나가사키로 이주해 왔다. 이하 이 장의 이야기는 멕시코 국가문서관 소장 이단심문 기록과 예수회 선교사들의 증언 서류에 나타나는 사실에 기반한다.

주인 루이 페레스의 운명은 일본인 소년 노예 가스팔의 훗날 인생을 크게 좌우하게 된다. 페레스가 소년 가스팔을 구입한 경위는 불명확하다. 포르투갈의 상인들은 자기 아들의 놀이 상대나 종자(從者) 역할을 할 어린아이를 사는 경우가 있었다. 어린아이 노예를 구입하여 종자로 삼는 것은 자신의 부와 관대함을 주위에 알리는 것, 요컨대 재력의 과시와 경건한 그리스도교인이라는 증거로 생각되었다. 아이에게는 가혹한 노동이 강제되지 않았고 주인이 부끄럽지 않게 음식과 의복을 충분히 보급할 필요가 있었기 때문이다. 어쩌면 페레스는 그저 단순히 자기 자식을 안쓰럽게 여겨 뭐라도 해주고 싶다고 생각했던 것일지도 모른다. 노예를 구입한 동기가 무엇이었건 하인이나 노예에 대한 학대가 다반사였던 그 시대에 페레스나 그 가족이 가스팔에 대해 그러한 학대를 행했다는 기록이나 증언은 없다.

가스팔의 노예계약 조건에 관한 두 종류의 문서가 있다. 하나는 루이 페레스의 자식들에 의한 증언, 다른 하나는 가스팔 자신의 증언이다. 페레스의 자식들에 의하면 가스팔의 구입 가격은

---

* 15세기 포르투갈과 스페인의 이베리아반도 재점령 후 가톨릭으로 개종한 유대인이나 무어인들을 가리킴.

10~11페소였는데 이는 일반적인 고용계약의 가격에 상당하는 것이었다고 한다.[3] 한편, 가스팔 자신의 증언에 의하면 그의 매매가는 8레알 상당(1페소)이었다.[4] 가스팔이 기억하는 가격이 훨씬 낮았던 것은 그가 지급받은 금전과 페레스 일가가 중매인에게 지불한 금전 간에 커다란 차이가 존재했다는 것을 의미하는 것일 수도 있다.

당시 일본인의 감각으로 고용계약은 '노예계약'과 달랐다. 즉 유럽인의 '시한부 노예'에 대한 생각과 중세 일본사회의 '고용계약'의 관행에 대한 인식 사이에 상당한 괴리가 있었음을 전제로 일본에서의 국제적 '노예 구매' 환경이 고찰되어야 한다.

이 계약을 합법화하기 위해 페레스는 예수회가 운영하는 나가사키의 성 바오로 교회에 그 소년을 보냈다. 병설 콜레지오*의 원장 안토니오 로페스는 그 어린아이에게 몇 가지 질문을 한 후 일종의 증명서에 서명하였다. 그 증명서에는 가스팔이 페레스에게 12년간 봉사하는 것으로 명시돼 있다.[5] 당시 일본에서 활동하던 예수회는 신원미상의 소년 소녀나 명확히 위법한 방법으로 취득된 일본인에 대해서는 쉽게 고용계약 증명서를 발행해 주지 않았다. 로페스 신부는 이 증명서에 서명을 할 때 이 남자가 위법하게 어린아이를 취득했다고 덧붙여 기록해 두었다.

---

* 세미나리오(10~18세 남성을 대상으로 한 사제 양성 목적의 가톨릭 교육기관)을 우수하게 졸업한 학생 중 사제의 소질이 보이는 학생들이 진학한 가톨릭 고등 교육기관.

〈그림 4〉 흑인과 백인 급사(給仕)를 부리는 기사상(메트로폴리탄미술관 소장). 흑인 어린아이 노예를 데리고 있는 것은 주인의 부와 자애로움을 보여주는 일이었다.

또한 같은 날 이 소년은 세례를 받았는데 페르난데스라는 성과 가스팔이라는 이름을 받았다. 이 성은 루이 페레스의 막내 아들인 마누엘 페르난데스로부터 따왔을 것이다. 포르투갈인의 대부가 새롭게 그리스도교도가 된 사용인과 노예에게 자신의 성(姓)을 부여하는 것이 관례였다.[6] 이렇게 해서 일본인 가스팔 페르난데스의 인생은 크게 변해 갔다.

　가스팔과 페레스 일가는 노예와 사용인 간의 관계만은 아니었고 시간이 지나면서 내면의 유대감도 싹트기 시작했다. 이는 주인인 루이 페레스뿐만 아니라 두 명의 자식 안토니오 로드리게스나 마누엘 페르난데스와의 사이에서도 마찬가지였다. 가스팔은 페레스 일가와 함께 살면서 포르투갈어와 스페인어도 유창하게 구사할 수 있게 되었다. 후에 그의 언어능력은 멕시코 재판소에서 자신의 권리를 주장하는 데 대단히 유용하게 작용했다. 아마 페레스가 자신의 아이들을 교육할 때 가스팔도 동석했을 것이다. 사료에 의하면 루이 페레스는 가스팔을 마치 자기 자식처럼 대하였다고 하며, 가스팔 역시 루이 페레스의 임종을 지켰다고 한다.[7]

마카오에서 페레스 일가의 생활

　일본인 가스팔 페르난데스의 기구한 생애를 이야기하자면, 먼저 상인 루이 페레스에 대해 상세히 설명해 둘 필요가 있다. 이 인물은 1520년대 말 1530년대 초에 포르투갈의 도시 비세우(Viseu)에서 유대계 일족으로 태어났다.[8] 비세우는 내륙의 촌읍으로, 스페인과 포르투갈을 연결하는 주요한 길목에 위치하고 있어 포르투갈 건국 이래 수세기에 걸쳐 세파르딤(Sephardim)계 유대인 공동체가 존재했다. 그곳의 유대인들은 대규모 정기 시장 등지에서 활약하고 있었다. 필자가 꼼꼼히 조사해 보았지만 비세우에서의 이단심문 기록 중 페레스 일족 혹은 루이 페레스의 이름을 찾을 수는 없었다. 그러다 보니 페레스의 친족이나 가업의 상세한 정보는 알 수가 없다.

1570년대에 그는 두 아들의 아버지가 되었다. 장남의 이름은 안토니오 로드리게스(1571년 출생),[9] 차남의 이름은 마누엘 페르난데스(1575년생)[10]이다. 나이로 따지면 매우 늦게 아이를 얻었다고 할 수 있는데 이들의 어머니 즉 페레스의 부인에 관한 정보는 없다. 알려져 있는 것은 페레스가 어린 두 아이들만 데리고 포르투갈에서 인도 여행길에 올랐다는 사실이다. 페레스 자신의 증언에서도 그들은 이단심문소에 쫓기고 있으며 그 때문에 부인을 놔둔 채 두 아이를 데리고 고향을 떠났다고 한다. 페레스 주변의 포르투갈인들 사이에서 그와 두 아이는 이단심문소의 추적을 피해 고아를 경유해서 마카오로 왔다고 알려져 있었다.[11]

16세기 '이단심문소'는 이베리아 반도의 수많은 유대인 개인의 운명뿐만 아니라 국가 자체에도 커다란 영향을 주었다. 이 시스템이 어떻게 기능하였고 루이 페레스의 도망과는 어떤 관계에 있

〈그림 5〉 리스본의 중심부 코메르시우 광장에서 행해진 이단심문 처형.(작자 미상)

었던 것인지 살펴보자.

이단심문은 종교재판의 하나인데 포르투갈에서는 1536년, 고아에서는 1560년에 제도화되었다. 그 목적의 하나는 유대인 자손을 색출하는 것이었다. 그리스도교도로 개종한 사람 중에서는 은밀히 유대교 종교의례를 행하는 자도 있었다. 유대교 신앙을 가진 죄로 고발당하여 이단심문소로 잡혀 들어간 사람들 다수는 재산을 몰수당했다. 그리고 그중 다수가 결국에는 사형을 언도받았다.

안타깝게도 페레스의 과거에 대해서는 많은 부분이 불명확하다. 루이 페레스라는 이름 또한 가명일 가능성이 있다. 입수한 사료에서는 페레스가 다른 성인 '페르난데스'를 사용하는 경우가 있었음이 확인된다.[12] 게다가 자식들도 아시아에 있을 무렵 이름을 때때로 바꾸었는데 첫째 아들이 사용한 성씨는 알려진 것만 세 개였다.[13]

페레스 일가에 관한 사건의 연대도 불분명하다. 인도로 출발한 해가 언제였는지도 확실치 않은데 아마도 1580년대 초였을 것으로 추정된다. 다른 유대계 사람들과 마찬가지로 선장 혹은 승조원을 매수하여 은밀히 배에 올랐던 것일까. 당시 신그리스도교도 '개종자'가 국왕의 허가를 받지 않고 포르투갈령 인도로 가는 것은 금지되어 있었기 때문이다.

상세한 것은 확실치 않지만 고아에 정박하던 중 루이 페레스에게 어떤 중대한 일이 일어난 것으로 보인다. 사료상으로는 고아

이단심문소의 관리가 페레스를 포박하려 했던 일이 알려져 있다. 포르투갈령 인도에서는 1557년에 신그리스도교도에 대한 박해가 시작되었고 1560년에는 고아에 정식 심문소가 설치되었다. 고아의 이단심문소의 추적을 피해 페레스가 말라바르 해안 남부의 항구마을 코친으로 향했던 것은 우연한 일이 아니었다.

항구마을 코친은 기원후 2세기 이래 유대인이 정주하였는데 그 공동체가 이베리아반도로부터 추적을 피해 온 새로운 이주자를 맞이했다. 코친의 유대인은 말라바르 유대인(일명 검은 유대인)과 팔라데시 유대인(일명 하얀 유대인)으로 구별되었다. 팔라데시 유대인의 출신지는 주로 오스만 투르크였는데, 호르무즈를 경유하여 코친으로 유입되었다. 1580년대 초 페레스가 코친에 도착했을 무렵 그곳에는 풍요로운 유대인 상인 공동체가 있었으며 그 생활 영역을 확대해 나가고 있었다.

고아와 코친의 교회 조직 사이에는 긴밀한 관계가 있었기 때문에 코친에 이주한 페레스의 일은 곧바로 알려지고 말았다. 페레스는 신속히 추가 도피계획을 세웠다. 다행히도 코친은 아시아의 다른 주요한 항구도시와 상업루트로 연결돼 있었기 때문에 도망은 용이했다. 페레스 일가는 코친에서 말라카로 이주했다. 말라카에서는 이단심문이 아직 체계적으로 확립돼 있지 않았기 때문이다. 동남아시아로의 새로운 항해에는 새롭게 코친에서 구입한 벵갈인 노예 파울로 반페르가 더해졌다.

당시의 말라카는 동아시아와 동남아시아로 상업활동을 전개하는 포르투갈인에게 매우 중요한 항구였다. 인도 방면과 중국/일본 방면으로 가는 분기점이었던 것이다. 말라카는 아시아의 여러 상업 루트의 허브 역할을 하는 항구였다. 페레스 일가가 말라카에 머무른 기간과 그 생활은 명확하지 않다. 사료에서는 말라카 장관이 이단심문소 명의로 페레스 일가의 체포를 시도했다고 한다.[14] 같은 사료에서는 페레스 일가의 말라카 체류 기간이 1584년부터 1587년경이었음을 추정할 수 있다. 당시의 말라카 장관은 돈 후안 다 실바였다. 고아와 코친에 이어서 말라카에서도 안전을 확보할 수 없었던 페레스 일가는 마카오로 도피해야만 했다.[15] 코친과 말라카에 거주하면서 마카오와의 교역에 종사한 신그리스도교도들이 그들의 도피행을 도왔던 것으로 보인다.

희생양

1587년 페레스 일가는 마카오에 도착했다. 그곳에는 상당히 큰 세파르딤 공동체가 있었다. 마카오에 도착한 후 페레스 일가가 유대계라는 사실이 알려지자 신분 고하를 막론하고 "도대체 저 유대인들은 무슨 이유로 여기 마카오까지 온 거야? 이미 여기엔 유대인이 충분히 있는데."라고 말하기도 했다.[16] 공교롭게도 같은 해[17] 마카오에 선장 후안 고메스 하이오가 도착했다.[18] 그는 고아 이단심문소의 명령을 받들어 마카오에 있는 모든 신그리스도교도들을 체포하는 임무를 맡고 있었다. 그의 포고문에는 고발자에게는 신그리스도교도에게 몰수한 재산 절반을 주고 나머지 절반은 이단심문소의 금고에 들어간다고 명기돼 있다.[19] 이러한 움직임은 구 유대교도의 말라카, 중국, 일본으로의 도항을 금지하는 포르투갈 국왕의 명령과 연동되어 있었다.[20]

도착한 지 얼마 되지 않아 공동체와의 연결고리가 약했던 페레스 일가는 마카오의 신그리스도교도들과 가톨릭 마카오 교구의 희생양이 되었다. 이리하여 페레스에 대한 정식 고발이 발효되었고,[21] 돈 레오나르도 데 사 주교의 명으로 일가 전원이 추적대상으로 분류되었다.[22]

최초로 체포된 것은 페레스의 장남 안토니오 로드리게스였다. 주교의 명령으로 체포된 안토니오는 당국에 대해 조건부 석방을 청구했다. 또한 보증금을 지불하고 마카오와 일본 간의 상업항해에 종사하는 것도 인정받았다. 그 후 일본에 상륙하여 상거래가 일단락되었지만 안토니오는 다른 상인처럼 마카오에 돌아오지 않고 그대로 나가사키에 머무르게 되었다. 그 후 그는 두 번다시 마카오 땅을 밟지 않았다.[23]

이어서 루이 페레스에게 추적망이 좁혀 왔지만 마카오의 최고 유력자 '카피탄 모르'*인 제로니모 페레이라가 페레스를 보호했

---

* 포르투갈에서 새로 개척한 식민지 지역의 통치를 위해 파견된 군 사령관이자 실질적인 현지 행정 최고 권력자.

다. 마카오의 포르투갈인 공동체를 대표하여,[24] 최고 권력자 제로니모 페레이라는 루이 페레스를 숨겨 주고 일본으로 항해하는 배에 동승시켜 주었다. 어째서 마카오의 카피탄이 국왕, 주교, 고아 이단심문소의 지시에 따르지 않고 자신의 경력에 오점을 남길 위험을 무릅쓰면서까지 페레스와 그 차남을 일본으로 도망시켰던 것일까.

거기에는 루이 페레스와 페레이라 선장이 서로 구면이었던 점이 영향을 주었다. 그 둘은 비세우 출신으로 동향 사람이었다.[25] 16세기 말 비세우는 인구가 불과 2,600명인 작은 마을이었다.[26] 그 때문에 주민 모두가 서로 알고 지냈다고 해도 과언이 아니었다. 카피탄 모르 제로니모 페레이라의 도움으로 페레스와 차남, 벵갈인 노예 파울로 반페르는 은밀히 일본으로 건너갔다.

대형 나우선(Nau, 3~4개의 돛을 가진 대항해시대를 대표하는 범선. 스페인어로는 나오선, 영어로는 캐럭선으로 불린다.)을 타고 그들은 1588년 8월 16일 나가사키에 도착하였다.[27] 당시의 나가사키는 남만선과의 교역으로 활기를 띠고 있었다. 먼저 일본에 도착해 있던 장남 안토니오 로드리게스가 그들을 맞았다. 안토니오는 나가사키에 거주하며[28] 필리핀-일본 간의 교역에도 종사하고 있었다.[29] 그 후 페레스 일가는 다시 마카오로 돌아가지 않았다. 그들을 구한 카피탄 모르 제로니모 페레이라는 1589년 4월 1일에 마카오로 돌아간 후 스스로 목숨을 끊었다. 그 이유는 확실하지 않지만 이 일은 마카오의 사람들에게 매우 큰 충격을 주었다.[30]

나가사키에서 페레스 일가의 생활

페레스 일가가 새로운 생활을 시작한 나가사키에서는 새로운 마을 조성이 진행되고 있었다. 1587년 히데요시의 바테렌(Padre) 추방령 공포 후 일본의 그리스도교계는 곤경에 빠졌지만 실상 나가사키에는 많은 예수회 선교사들이 체재하고 있었다.[31]

페레스 일가는 3년간 나가사키에 체재하게 되었다. 처음에는 주스타와 주스티노라는 두 일본인 그리스도교도의 집에 세 들어 살았다.[32] 체재 기간 중 마지막 6개월은 나가사키의 도닌(頭人, 훗날의 마을 촌장이자 마을 주민의 조정자 역할) 중 한 사람인 다카키 루이스[33]의 형제 다카키 안토니오[34]가 시마바라(島原) 거리에 소유한 집을 빌려 살았다. 장남 안토니오 로드리게스는 이 집에서 20~30일 정도만 머물렀다가 곧 마닐라로 떠났다.[35]

처음 머물렀던 주스타와 주스티노의 집에서는 충돌이 끊이지 않았다. 사카이 출신으로 나가사키에 이주한 이 부부는 나가사키 그리스도교 공동체의 리더였다.[36] 그들은 자신들의 재산에 다른 사람들로부터 빌린 자금까지 더해서 나가사키에 미제리코르디아(자선원 혹은 구빈원)를 창설할 정도로 독실한 그리스도교도였다. 예수회 선교사 루이스 프로이스는 주스티노가 나가사키의 미제리코르디아를 정비한 후 기나이(畿內)*로 돌아와 이듬해에는

---

* 메이지 이전 교토 부근의 다섯 지방을 총칭하는 말.

오사카의 교회와 세미나리오 또한 사카이 예수회 본원의 정비에 종사하였다고 기록했다.[37] 주스타는 나가사키의 일본인 그리스도교의 리더였던 것 외에도[38] 공동체에서의 영향력을 발휘하여 병자, 과부 등을 위해 병원을 건설했다.[39]

이 독실한 일본인 그리스도교도 부부가 그들 세입자에 대해 경건한 그리스도교도가 아니라고 느끼고 미심쩍어하니 양자 사이에 마찰이 일어나는 것도 그다지 놀라운 일은 아니었다. 페레스의 집에는 나가사키에 거주하는 많은 신그리스도교도가 출입하고 있었다.[40] 자세한 사항은 불명확하지만 어떤 여행을 위해 루이 페레스와 그 자식들은 시마바라 거리에 있는 다카키 안토니오 소유의 집으로 이사했다.[41]

나가사키의 3명의 도닌, 즉 페레스 맞은편에 살았던 소인 토메(後藤宗印),[42] 같은 골목에 살았던 다카키 루이스(高木了可),[43] 그리고 모로 주앙(町田宗賀)은 페레스 일가와 가깝게 교류하였다. 도닌은 나가사키의 마을 사회를 대표하는 지위를 갖는데 부유하고 영향력이 있는 마을 주민 중에서 선출되었다. 도닌은 위정자에 대한 마을의 정식 대표자로, 주된 역할은 위정자가 정한 법을 주민이 준수하는지 감독하는 것이었다. 그들은 마을 주민에 대해 폭넓은 법적 권한을 갖고 있었다. 도닌 외에 각 마을에는 오토나(乙名), 그 아래에 히교지(日行司) 혹은 구미가시라(組頭)라 불리우는 보좌역들이 있었는데 나가사키에 온 지 얼마 안 된 사람들을 세례시키고 개종을 권하는 일을 했다.[44] 각 마을을 대표하는 오토나 중에서 여러 마을을 대표하는 넨교지(年行司)가 선출되었다.

1590년대 나가사키의 성 바오로 교회에서 작성된 문서에는 '나가사키의 마을 우두머리', '시의 통치자', '시의 우두머리'와 같은 표현이 보인다. 그 문서는 주로 마을 촌장인 4명의 그리스도교인에 대한 일을 서술하고 있는 것으로 판단되는데,[45] 이 사료를 볼 때 모로 주앙과 다카키 루이스가 각 마을의 도닌 혹은 넨교지였을 가능성이 있다.

이들 3명의 그리스도교인 도닌의 증언을 통해 페레스가 부유한 상인이나 보좌역들이 사는 시마바라 거리에 살 정도로 충분한 경제력을 가지고 있었음을 알 수 있다. 이 지역에는 본래 시마바라 지방으로부터 온 이주자가 살고 있었는데 시마바라 거리라는 지명도 같은 지구에 최초로 살았던 사람들의 출신 지명에서 따온 것이었다. 16세기 말에는 나가사키의 주요한 지역의 하나로 포르투갈인과 일본인 상인 중 특히 부유한 자들이 살고 있었다.

같은 사료에서 페레스의 인품, 그리고 그와 일본인 소년 가스팔 페르난데스의 관계를 알 수 있다. 예를 들어 당시 많은 포르투갈인 상인이 노예에 대해 신체적인 학대를 가하고 있었던 데 반해, 페레스는 자신이 주인으로 취급되는 것을 불편하게 생각했고 하인과 노예를 학대하는 일도 없었다. 흥미롭게도 나가사키에 있는 다른 많은 포르투갈인과는 달리 페레스와 그 자식들

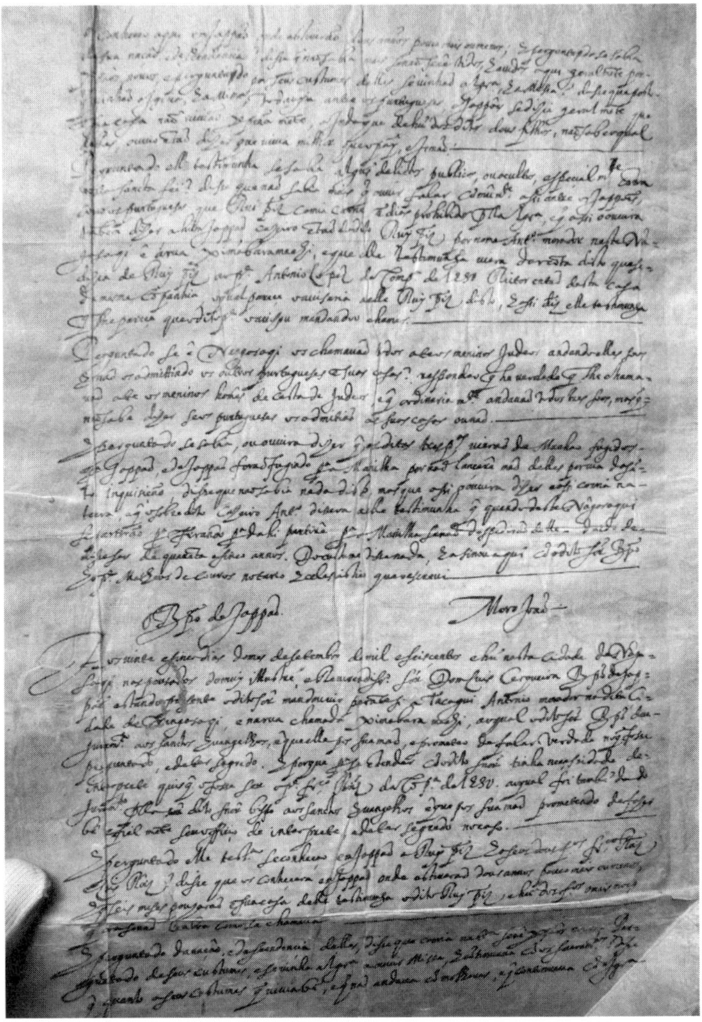

〈그림 6〉 페레스 일가에 관한 일본인의 증언기록(AGN). 해당 부분은 모로 주앙(町田宗賀, Moro João)의 것이다.

은 모두 윤리적으로 모범이 되는 생활을 하였다. 말하자면 성매매를 한다거나 첩을 두지 않았고 일본인과 일본문화에 항상 경의를 표하였다. 이러한 그들의 태도로 인해 일본인들도 그들에게 호감을 가졌다.

일본인 노예 가스팔 페르난데스는 가사를 돕는 일을 전담하였고 상거래에는 종사하지 않았던 것으로 확인된다. 페레스 차남의 종자이자 벵갈인 노예 파울로 반페르의 조리 보조를 담당하였다. 어쨌거나 가스팔의 일은 업무라 할 정도의 것은 아니었다. 그는 어린아이였던 데다가 페레스에게는 3명의 노예가 더 있었기 때문이다. 페레스는 자바인 노예 2명, 캄보디아인 노예 1명을 소유하고 있었다. 페레스 일가의 구성원은 16세기 말의 나가사키에 살던 노예의 다양성을 살펴볼 수 있다는 점에서도 매우 흥미롭다. 나가사키에 온 일본인 노예와 중국인 노예는 인도나 동남아시아 모든 지역 출신의 노예들과 공존하고 있었던 것이다.

마닐라로 도망

페레스가의 자식들은 나가사키에 와서 그 출신지를 숨기기 위해 여러 이름을 사용하였다. 장남인 안토니오 로드리게스[46]는 프란치스코 로드리게스[47] 또는 주앙 로드리게스로 알려져 있다.[48] 차남인 마누엘 페르난데스는 루이스 로드리게스로 이름을 바꾼

적도 있었다.[49] 이런 노력에도 불구하고 매년 많은 포르투갈 상인들이 마카오에서 나가사키로 내항하였기 때문에 페레스의 생활은 안전하지 못했다. 그가 유대인 혈통이라는 점은 곧바로 마을에 알려졌는데 일본인 그리스도교도들 사이에서는 '유대인 혈통'을 가진 자에 대한 혐오감이 있었다. 그리스도교인들은 그들에게 육식이 금지된 기간, 즉 사순절에도 페레스 일가가 고기를 먹는 것에 놀랐다. 이에 분노한 나머지 페레스를 예수회 일본 준관구장 페드로 고메스에게 고발한 일본인도 있었다. 고메스는 겉으로는 이런 행위를 엄하게 비판하였지만,[50] 실은 고메스 본인이 유대계 개종자였다는 사실을 그 일본인은 몰랐을 것이다.[51]

유대계 개종자라는 사실이 드러나자 집주인인 다카키 안토니오 부부는 페레스 일가를 쫓아내려고 했다. 금요일과 토요일의 육식이 그리스도교인들 사이에서 금지돼 있었는데도 불구하고 페레스가 그 규율을 어겼다는 것이었다. 페레스는 자신이 늙고 병들어 신부로부터 허가[52]를 받아 고기를 먹고 있다고 설명하였고 간신히 양자의 다툼이 멈추었다. 실제 그러한 허가가 당시 나가사키의 예수회 콜레지오 원장[53] 안토니오 로페스 신부로부터 내려진 바 있었다. 페레스의 몸은 늙고 약해 얼굴은 창백했고 코와 발은 크게 부어올라[54] 단식하기에는 너무 쇠약했으며,[55] 척추를 다쳐서 등을 구부리고 걸었고[56] 남아 있는 치아가 없었다.[57] 겉보기에는 60세에서[58] 70세 정도로 보였다.[59]

예수회 콜레지오 안토니오 로페스는 일본인 가스팔 페르난데

스에게 페레스를 섬기도록 기한이 명기된 봉공인 증명서를 발행
했던 인물이다. 예수회 선교사였던 안토니오 로페스나 당시 나
가사키에 있던 스페인 사제 그레고리오 데 세스페데스도 병들고
노쇠해진 루이 페레스에게 사순절에 고기를 먹도록 허가를 내렸
다. 일본인들이 거기에 불만을 품고 그를 고발하기까지 한데다
가 신그리스도교도라 더 큰일이라며 사제들도 페레스가 처한 상
황에 동정을 보냈다.[60]

페레스 일가와 친하게 지내던 포르투갈인과 일본인에 의하면
그들은 페레스의 아이들에게조차 '유대인'이라고 부르면서 쫓아
다닌 것 같다.[61] 다카키 안토니오는 페레스 일가가 그리스도교도
로서 생활하고 있다고 해도 실제로는 유대교인이라며 격렬히 규
탄하였다.[62] 마찬가지로 개종자였던 나가사키의 주인 프란치스
코 로드리게스 핀토도 실제 유대인 같은 생활을 유지했기 때문
에 그렇게 고발당하게 되었을 것이라고 보았다.[63]

나가사키에 정주하고 있던 포르투갈인 상인 조르지 들로이스
는, 나가사키에서 유대인 혈통이 일본인 그리스도교도에게 그러
한 취급을 받을 정도로 차별이 일상적인 것이었음을 인식했다.[64]
일본인 그리스도교도가 보통의 그리스도교도와 유대계 개종자
의 차이를 식별할 수 있었다는 사실은 개항 이전부터 나가사키
에는 이들 개종자 상인들도 이미 드나들고 있었음을 보여준다.
포르투갈인 상인들은 그들을 조롱하기 위해 페레스 일가의 노
예인 2명의 자바인[65]과 샤론으로 불리던 이 빠진 캄보디아인 노

예[66]를 가리켜 "(유대인은) 몇 명이냐?"며 질문했다. 이에 대해 그들은 자못 우습다는 듯이 "(유대인은) 3명입니다."[67]라고 답했다고 한다.

새로운 위험

1591년 8월 19일, 페레스의 신변에 새로운 위험이 찾아왔다.[68] 1582년에는 말라카의 카피탄 모르(Capitão-mor)였던 롯케 데 메로 페레이라[69]가 이번에는 마카오의 카피탄 모르로 임명되어 나가사키에 왔다. 그에게는 마카오의 카피탄 모르로서 마카오 상인을 대표하여 그해의 교역을 무사히 진행할 의무 말고도 하나의 중요한 사명이 부여되어 있었다. 그것은 유능한 관리로서 루이 페레스를 잡아들여 마카오로 연행할 임무였다.

페레스를 체포하여 마카오로 끌어다 놓고 고아의 이단심문소로 보내는 계획이었다. 그리스도교로 개종한 상인 프란치스코 로드리게스 핀토는 롯케 데 메로 페레이라로부터 페레스가 금기를 어기고 육식을 한 것이 마카오에 보고되었으므로 그의 체포가 정당하다는 이야기를 들었다.[70] 마카오 주재 일본 주교 돈 레오나르도 데 사와 대장 롯케 데 메로 페레이라는 개종자 상인의 방해로 인해 이 임무를 온전히 수행하기에는 어려움이 있었다.

그 무렵, 나가사키에서 페레스 일가의 생활은 커다란 위험에 직면했다. 그가 유대인이라는 것을 모르는 이가 없었기 때문에 쉽게 이단심문의 희생양이 될 수 있었다. 포르투갈이나 코친, 고아, 말라카, 마카오 때와 마찬가지로 루이 페레스는 선수를 쳐 도망칠 계획을 세웠다. 우선 자바인 노예 2명과 캄보디아인 노예 샤론을 팔았다. 벵갈인과 일본인 하인 가스팔 페르난데스는 그 대로 페레스 가족의 일원으로 남았다.

다카키 안토니오 부부에 의하면 페레스와 그 차남이 돌연 집을 방문해 급히 이별을 고했고, 그날 밤 히라도로 떠났다고 한다. 미심쩍은 생각이 들었던 부부는 예수회 콜레지오 원장 안토니오 로페스에게 가서 루이 페레스의 동향을 전했다. 로페스는 다카키 부부에게 그들에게는 승선할 이유가 있으므로[71] 가만히 내버려 두라고 말했다. 로페스의 이러한 언행은 페레스 일가가 나가사키의 예수회로부터 보호를 받았다는 것을 보여준다. 예수회는 롯케 데 메로 페레이라의 의도를 알고서도 도망을 묵인했다. 1591년에 페레스와 그의 차남은 나가사키에서 배를 타고 히라도로 향했다. 그리고 이듬해 필리핀으로 떠났다. 페레스 일가에게는 적어도 두 사람, 즉 일본인 하인 가스팔 페르난데스와 벵갈인 노예 파울로 반페르가 동행했다.

마닐라에 도착

루손 섬의 마닐라는 1582년 이래 포르투갈 상인 특히 마카오의 포르투갈 상인이 빈번히 드나드는 항구가 되어 있었다. 그것은 세바스티안 조르지라는 유력한 상인이 필리핀 총독 돈 디에고 데 론키죠와 만나 마카오-마닐라 간에 매년 상선의 통상교섭을 하기로 허가를 얻으면서 시작됐다. 이 두 항구도시의 통상을 위해 여러 도시에는 거래에 종사하는 포르투갈과 스페인 사람들이 많이 체재하고 있었다. 때문에 루이 페레스의 숨겨진 신상은 언제라도 밝혀질 위험성이 있었다. 마카오와 나가사키에서 페레스와 가깝게 지냈던 마닐라 주재 포르투갈인 혹은 스페인인이 고발한 것만으로 충분히 위험했다.

그러나 페레스는 마닐라에서 비교적 안전하게 5년의 세월 (1592~1597)을 보냈다. 그 사이에 그의 과거가 당국에 알려지지는 않았다. 루이 페레스의 자식들은 만약을 위해 나가사키에서 그랬듯이 이름을 바꾸었다. 장남 안토니오 로드리게스는 프란치스코 로드리게스로, 차남 마누엘 페르난데스는 루이스 로드리게스로 이름을 바꿨다.

체재 초기에 형 프란치스코/안토니오 로드리게스는 외출을 삼가는 등 매우 신중한 생활을 했다. 그러나 루이 페레스와 루이스 로드리게스/마누엘 페르난데스는 주변의 시선을 두려워하지 않고 거리를 활보했다.[72]

1595년 장남 프란치스코/안토니오 로드리게스는 장사를 확대하기 위해 아버지와 동생을 마닐라에 남겨 두고,[73] 현재의 멕시코인 누에바에스파냐(신대륙 멕시코)로 떠났고, 그곳에서 중개업자로서 일을 시작했다.

일본인 하인 미겔 제로니모와 벤투라

벵갈인 노예와 일본인 노예 가스팔에 더해서 루이 페레스는 마닐라에서 일본인 노예 두 명과 조선인 노예를 들였다. 일본인 중한 사람은 미겔 제로니모로 개명했다. 미겔 본인의 증언에 의하면 1577년생인 그는 상인 프란치스코 마테스(프란치스코 마틴스)로부터 루이 페레스에게 5년 계약 40레알에 팔렸다고 한다.[74] 미겔 제로니모의 구입 증서가 필리핀에서 작성되었으므로 페레스가 그를 들인 시기에는 틀림없이 마닐라에 있었을 것이다. 또 한 사람의 일본인 하인은 벤투라라는 이름이었다. 세례명 말고 이들 두 사람의 일본인 하인에 관한 정보는 없다. 두 사람은 가스팔 페르난데스, 벵갈인 파울로와 함께 루이 페레스의 최후를 목격하게 된다.

이 새로운 두 사람의 일본인 노예와 더불어 페레스는 가스팔이라는 조선인 노예를 구입했다. 이 하인은 도요토미 히데요시의 조선 출병 시기에 일본인의 병사들에게 잡혀와서 나가사키에 연행되어 마닐라까지 보내진 내력을 지닌 이였다. 아마도 루이 페레스가 마닐라의 노예시장에서 구입한 것으로 생각되는데 가격은 확실치 않다. 이들 두 명의 일본인 노예와 조선인 노예는 가사 전반을 담당했다. 동시에 이 조선인 노예는 루이 페레스의 가짜 성유물(聖遺物) 판매를 도왔다. 페레스는 나가사키에 오기 전에 십자가를 많이 모았는데 그것을 쪼아 뼛조각과 함께 포장해서 가지고 다녔다. 순교자의 유골이라 하여 진짜 성유물로 보이게 해서 마닐라에 사는 일본인 그리스도교도에게 그 부서진 십자가를 팔았던 것이다. 이러한 유골은 시기상으로 볼 때 26성인의 것인 양 거래되었던 것으로 보인다.

루이 페레스의 체포와 멕시코로의 출항

마닐라에서의 평화로운 삶이 계속되리라고 생각했던 페레스 일가의 생활은 1596년 9월 9일에 일어난 최초의 고발로 인해 무너지기 시작했다. 도미니코회 선교사인 디에고 데 카스타네다가 "로사리오 콘프라리아(信心會)의 성가대원이자 노예인 프란치스코가 인도, 말라카, 마카오를 거쳐 이 마을로 도망해 온 유대인이 있다고 나에게 전해주었다"라고 이단심문소 대표 후안 말도나드(도미니코회 선교사)에게 고발했기 때문이다.[75]

순다 열도(수마트라, 자바, 보르네오, 슬라웨시, 바리, 론보크, 순바바,

플로레스, 디모르 섬 등) 출신 노예 프란치스코는 1596년 10월 21일에 성 가브리엘 병원에 있으면서 루이 페레스에 관한 증언을 제출했다. 그는 페레스라는 이름을 알지 못했으므로 "어떤 포르투갈인이 (금령에 반하여) 필리핀에서부터 몰루카에 걸쳐 항해했다고 들었다"라고만 증언하였다. 또한 그는 "칸바야(구자라트) 출신의 이노첸시오라는 노예가 그 인물이 양쪽 조부모 모두 유대교도인 콰트로 쿠스타도(순수 유대인 자손임을 표현하는 은어)라며 마닐라 집정관 집에 있다고 자신에게 이야기하곤 했다"라고 덧붙였다.[76] 노예 이노첸시오는 페레스가 두 명의 노예를 소유했는데 하나는 벵갈인 다른 하나는 일본인이었다고 증언했다.[77]

두 번째 증언자는 인도의 구자라트 출신으로, 노예였다가 자유민이 된 로베르토 로드리게스이다. 당시에는 마닐라에 있었는데 오랫동안 일본에 거주했었기에 그로부터는 유력한 정보를 들을 수 있다. 요리사였던 이 벵갈인 노예는 주인 페레스의 식습관, 나가사키항에 있는 동안의 페레스 일가에 관한 소문, 마닐라에서의 도망 등에 대해 상세히 이야기했다.[78]

이 이야기는 일본인 노예 토메의 증언에서도 확인된다. 토메는, "페레스의 아들 안토니오 로드리게스가 집에서 성모 마리아와 성인상을 훼손했으며 9년 동안 일본과 필리핀에 있으면서 교회에 나가지 않았다는 얘기를 페레스 일가의 일본인 노예로부터 들었다."고 증언하였다.

결정적 증거

상인들 중에는 페레스 일가를 고발하려고 자신의 노예를 이단심문소의 심부름꾼 쪽으로 보내는 일도 있었다.[79] 그들의 증언을 통해 페레스 일가의 생활이 상세히 드러난다. 우선 버터와 돼지고기를 먹지 않는 것, 월요일, 수요일, 금요일에는 세탁한 청결한 옷을 입는다는 것, 토요일에는 발을 씻는다는 것, 집에는 성인상이 하나도 없다는 것, 문을 닫고 식사를 한다는 것, 일본에서는 유대교 의례에 따라 암송아지를 잡았다는 것 등이 제기되었다.

마침내 마닐라의 이단심문소는 이들의 고발과 목격자들의 증언을 조합하여 결정적인 증거를 잡게 되었다. 즉 페레스 집에서 일하던 일본인 가스팔 페르난데스, 벵갈인 파울로, 조선인 가스팔로부터 증언을 확보하였던 것이다.

최초의 증언자는 일본인 가스팔 페르난데스였다. 가스팔은 자신의 발언이 어떠한 결과를 가져올지 알지 못한 채, 페레스가 돼지고기를 먹지 않았고 차남 마누엘 페르난데스는 돼지고기를 먹게 되면 곧바로 뱉어냈다고 진술했다. 또, 시종이 닭을 잡을 때 머리를 절단하지 않고 익사시켜야만 했다는 것, 또한 페레스가 교회 당국으로부터 허가를 받아 사순절과 매주 토요일에 고기를 먹었다는 것도 확인해 주었다. 차남 마누엘은 금요일, 토요일, 사순절에는 절대로 고기를 먹지 않았다는 것, 매주 토요일 페레스와 자식들은 세탁한 옷을 입었다는 것, 십자가, 그리스도, 성모

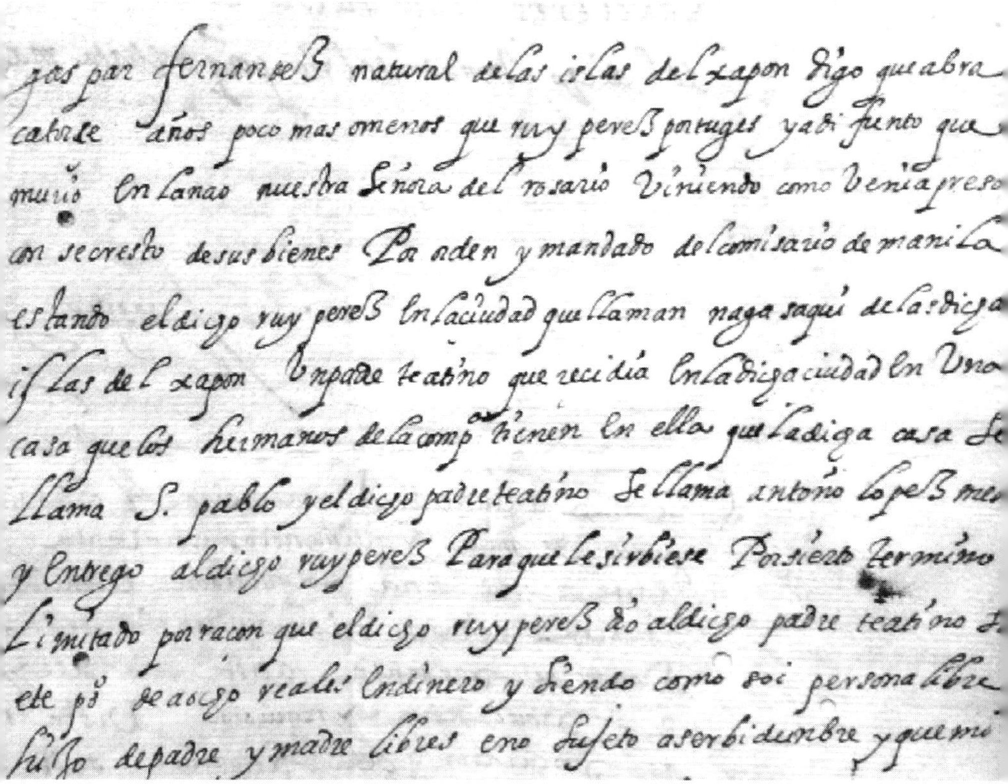

ças par fernandeß natural de las islas del xapon digo que abra
catorze años poco mas omenos que ruy pereß portuges yadi junto que
murio En Lanao nuestra Señora del rosario Viniendo como venia preso
con secresto de sus bienes Por orden y mandado del comisario de manila
estando el dicho ruy pereß Enla ciudad que llaman naga saqui de las dichas
islas del xapon Vnpadre teatino que recidia Enla dicha ciudad En Vna
casa que los hermanos dela comp tienen En ella que la dicha casa se
llama S. pablo yel dicho padre teatino se llama antonio lopeß me
y Entrego al dicho ruy pereß Para que le sirviese Por cierto termino
Limitado por racon que el dicho ruy pereß do al dicho padre teatino d
ete po de a dicho reales Endinero y siendo como soi persona libre
hijo de padre y madre libres e no sujeto aserbidumbre y que mi

〈그림 7〉 일본인 노예 가스팔 페르난데스에 관한 기록(AGN)

마리아, 성인의 상은 가지고 있지 않았다는 것, 페레스는 축일과 토요일에 교회 안에서만 기도를 바쳤다는 것 등을 증언했다.[80]

두 번째 증언자는 벵갈 출신 30세 파울로였다. 그는 페레스의 종신노예였다. 그는 루이 페레스의 일을 코친 시기부터 알고 있었다. 그의 증언은 일본인 가스팔 페르난데스와 크게 달랐다. 파울로는 페레스가의 요리사로서 일한 경험으로 증언하기를 식사용 닭을 익사시키지 않고 다른 방법으로 잡았다는 것, 루이 페레스와 자식들이 돼지고기와 소량의 버터는 먹었다는 것, 집에는 성모상이 있었고, 유대교 의례는 일절 실천하지 않았으며 일요일과 축일에는 교회 미사에 나갔다는 등의 진술을 했다.[81] 이단심문소에서의 비밀은 엄수되었고 증언 내용을 뒤에 말하지 않는다고 서약했음에도 불구하고 파울로는 집에 돌아오자마자 그의 주인에게 세 시간에 걸쳐서 받은 질문의 내용을 상세히 이야기했다. 루이 페레스는 비탄과 동요에 빠져 눈시울을 붉혔다.[82] 파울로는 주인에게 성실한 종복이었다.

세 번째 증언자는 18세의 조선인 가스팔이었다.[83] 이단심문소의 심문 도중 벵갈인 파울로가 페레스에게 심리내용을 이야기했다고 규탄하여 그의 목숨을 위험에 빠뜨렸다. 조선인 가스팔은 주인은 방에 성인상을 두지 않았고 최근에 구입했으며 담요에 싸서 침대 아래에 두었다고 증언했다. 후에 압수된 물품 중의 하나인 성모 마리아상이 바로 그것이었던 듯하다.

이들 세 명의 증언 특히 일본인 가스팔 페르난데스, 조선인 가스팔 코레이아의 증언은 페레스 일가가 몰래 유대교를 신봉하고 있었음을 확인하기 위해 이단심문소 측에서 필요로 했던 증거로 작용했다.

유럽인의 변명

1597년 6월 11일 이단심문소의 관리 이시도르 산체스, 후안 루이스, 알론소 에르난데스, 후안 루카스가 집에 있던 페레스를 체포했다. 페레스는 형무소로 보내졌고 산체스는 그의 전 재산을 몰수했다. 1597년(일자 불명) 루이 페레스의 일본인 노예 3인과 벵갈인 노예 1인을 태운 갈레온선* 누에스트라 세뇨라 델 로사리오호[84]가 페드로 세딜 데 구아르카 선장[85]의 지휘하에 아카풀코로 출항했다. 이단심문소가 추적한 끝에 체포하여 유죄판결을 내린 것과는 관계없이 루이 페레스는 얄궂게도 아카풀코 출항 이틀 만에 선상에서 병사하고 말았다. 시신은 1597년 11월 29일 안식일에 바다에 유기된 것으로 추정된다.[86]

이단심문기록 중 루이 페레스의 재산목록에는 다음과 같은 항목이 있다.

---

* Galleon, 16~18세기 장거리 항해에 사용되던 대형 범선.

⑴ 20세 일본인 노예

⑵ 다른 20세 일본인 노예

⑶ 다른 19세 일본인 노예[87]

(71) 흑인 노예 파울로[88]

첫 번째 항목은 가스팔 페르난데스, 두 번째는 미겔 제로니모,[89] 세 번째는 벤투라[90]인 것으로 보인다. 페르난데스처럼 벤투라와 제로니모도 마닐라에서 루이 페레스가 구매하였으며 이들은 같은 집에서 일했다. 이단심문 기록에는 이 두 일본인의 증언은 없고 페레스에 대한 소송 기록에는 이름조차 남아 있지 않다.

뱅갈인 파울로 반페르는 재산목록 맨 끝에 기재돼 있으며 1597년 12월 1일 마닐라에서 출발한 갈레온선에서 아카풀코에 도착했다는 기록이 확인된다. 거기에는 '네그루(negro)'라고 쓰여 있다. 본래 '흑색'을 표현하는 이 단어는 당시 '노예'의 동의어였고 반드시 흑갈색의 아프리카인 노예만을 가리키는 것은 아니었다.[91] 조선인 가스팔에 관한 그 후의 정보는 없다. 되팔렸거나 아니면 갈레온선이 아메리카로 출발하기 이전에 사망하였을지도 모른다.

일본인 가스팔 페르난데스, 미겔 제로니모, 벤투라는 한시적 계약직 노예였으므로 본래는 '노예'로 보기에는 적절하지 않은 측면이 있었다. 그럼에도 불구하고 루이 페레스의 재산이 몰수될 때 이단심문소의 대표자들은 그들을 종신노예로 변경 처리해 버렸다. 그들의 속성이 본래 구입 시의 조건으로부터 죄다 고쳐 써졌다는 것은 루이 페레스의 재산목록에 기재된 항목을 보면 명확히 알 수 있다. 이 기재 변경 행위는 단순 착오로 인한 것이 아니었다. 상인들이 정규 계약을 무효화하고 법이 정한 수속마저 파기해 버린 것은 그들의 신분을 애매한 '노예'로 규정함으로써 자신들의 이익을 얻기 위한 계획적인 행위였다. 한시 계약직 노예와 종신노예는 그 매각 대금도 전혀 달랐기 때문이다.

유럽인은 고국 이외의 '미개한 땅'으로 보이는 토지에서는 종교적 도덕심에 기반한 합법적인 거래를 지켜야 할 필요가 없다고 생각하는 경향이 있었다. 상인들은 타 인종이 어떠한 이유로 자유를 잃어버리게 되었는지는 전혀 개의치 않았다. 예를 들어 많은 상인들은 자신의 눈앞에서 비합법적으로 '노예' 신분이 되어 강제연행되었다는 사실을 알고도 그 상거래를 멈추지 않았다. 상인들은 자신들이 노예를 구입하지 않았다면 포획자들은 포획행위를 그만두기보다는 살해하고 말았을 것이라고 (따라서 구입은 종교적 도덕심에 기반한 행위라고) 주장했다. 결국 그들은 노예들이 그리스도교도 상인의 소유물이 되는 순간 세례(유럽인에 의하면 '인간화'를 의미했다)를 받게 된다는 사실을 통해 자신들의 변명을 정당화했다.

멕시코시티의 이단심문소

일본인 토메 발데스는 1577년 나가사키 출생으로 1596년 이래 멕시코에 거주했다. 일본인 토메가 어떠한 경위로 노예가 되었는지는 자세히 알 수 없다. 사료를 통해 개략적으로 살펴보면 다음과 같이 추정해 볼 수 있다.

먼저 16세기 말에 나가사키에 거주했던 포르투갈인 신그리스도교도인 프란치스코 로드리게스 핀토에게 매각되었다.[92] 그리고 최종적으로 토메는 스페인 선장 안토니오 알소라에게 매각되었다. 토메는 안토니오를 따라 1596년 아메리카 대륙으로 건너갔다.[93] 이 일본인 노예 토메는 루이 페레스의 사망 몇 년 후 루이의 자식 안토니오 로드리게스를 멕시코에서 목격했다. 토메는 나가사키에 있을 때 페레스 일가와 친분이 있었기 때문에 곧바로 상인 안토니오 로드리게스가 루이 페레스의 자식임을 알아보았다. 그 후 지체 없이 토메는 이단심문소 판사 돈 알론소 데 페랄타[94]에게 안토니오를 목격했다는 것을 이야기했다. 그는 증거로서 나가사키에서 페레스 일가와 함께 거주했던 하급 선원(갑판 누수방지 작업 담당)[95]인 모잠비크 노예도 함께 목격자로 전했다. 이 모잠비크 노예도 나가사키에 거주한 적이 있고 태평양을 경유해 아메리카로 건너갔던 것이다.

토메 발데스의 고발은 멕시코 이단심문소뿐만 아니라 나가사키의 포르투갈인 공동체에도 충격을 가져다 주었다. 페레스 일가에 대한 토메의 진술은 필사되어 마닐라로 보내졌다. 문서 자체는 현존하지 않지만 그것은 나가사키에 전송되었을 것이고 이로써 당시의 일본 주교 돈 푸이스 데 세르키라(재직기간 1596~1614)는 고발의 진위를 확인하기 위해 새로운 조사에 착수하게 된다. 페레스 일가와 교류한 일본인 그리스도교도들의 증언을 포함하고 있는 조사기록이 본장에서 페레스 일가의 나가사키 생활을 재현하는 데 있어서 중요한 전거가 되었다.[96]

멕시코의 이단심문소에서는 '파밀리아'라고 불리는 체포 담당 하급 관리들이 눈에 불을 켜고 멕시코에 도착한 신그리스도교도를 찾았다. 그럼에도 불구하고 루이 페레스의 자식들은 멕시코에서 일본인 가스팔 페르난데스, 별칭 가스팔 하폰(Japon은 스페인어로 일본을 의미한다. 본래의 성이 아님에도 인종과 직업의 속성이 성으로 취급되었던 것은 이 시대 노예에 한정된 것은 아니었다)과 만날 수 있었다. 아마도 이 재회에서 형제는 가스팔과 나머지 두 사람의 일본인 노예의 불운을 알게 되었을 것이다. 그들은 루이 페레스의 사후 벵갈인 노예 파울로와 함께 선장 페드로 세딜에 의해 이단심문소로 보내졌고,[97] 노예 신분이 되었다.

1599년 처음으로 가스팔 페르난데스/가스팔 하폰의 자유민 신분이 입증되었다. 루이 페레스 사후 가스팔 페르난데스는 나머지 두 사람의 노예와 마찬가지로 교회의 유력자들에게 인도되었다. 거기에는 본래 한시적 계약직 노예와 종신노예의 신분 차이는 고려되지 않았고 모두 '노예'로 취급되었다. 가스팔은 상인 토마스 델 리오에게 2년간 신체적으로 혹독한 착취를 당했다.
이 봉공은 2년간이었으므로 페레스 아래에 있었던 12년을 합산
하면 총 14년간 '봉공인'이자 '노예'의 신분으로 지냈던 셈이 된
다.[98] 가스팔의 증언에 더해 다른 일본인 벤투라의 진술은 다음
과 같다.

> 이곳(멕시코시티)의 수용소에 수감된 (저희들) 일본인 벤투라와 가
> 스팔은 (다음과 같이) 증언합니다. 저희들은 마닐라에서부터 여기
> 에 이르기까지 고 루이 페레스를 모셔 왔습니다. 각하의 명령에 의
> 해 붙잡혀 본 이단심문소로 연행되어 재산몰수관 빌비에스카 롤던
> 께 인도되었습니다. 롤던께서는 현재 이 수용소에는 안 계십니다.
> 그리고 각하의 판결에 의해 우리들은 루이 페레스의 자식에게 넘
> 겨지게 되었습니다. 자식들은 현재 이 지역에 살고 있지 않고 올 일
> 도 없습니다. 그리고 우리들은 자유의 몸이 되었음에도 불구하고
> 이 수용소에 계속 수감되어 있습니다. 현재 어느 누구도 우리들에
> 대해서 어떠한 권리도 없습니다.[99]

일본인 노예의 해방을 요구하는 소송의 최초 증언자가 된 것
은 의외로 루이 페레스의 장남 안토니오 로드리게스(당시 28세)
였다. 그는 1594년 혹은 그 이듬해부터[100] 멕시코시티에 살았으
며 그 당시는 산티시마 트리니다드 지역에 거주하고 있었다. 안
토니오 로드리게스는 가스팔을 봉공인으로서 고용계약을 맺을

때 동생인 마누엘 페르난데스와 그 자리에 함께 있었다고 증언했다. 이하는 그 증언서의 내용이다. 그에 의하면 가스팔이 아직 어릴 때 일본인 판매자가 어떤 정보도 제공하지 않은 채 페레스에게 그를 팔았다. 그와 같은 매매에 있어서 개인에 관한 어떠한 정보도 제공하지 않는 것은 당시 당연한 것이었다. 그 후 합법적인 구매를 위해 페레스는 나가사키의 예수회 콜레지오에 가스팔을 데리고 갔다. 콜레지오의 원장 안토니오 로페스가 소년을 검사하고 구입증명서에 서명했다. 그 증명서에는 가스팔의 봉공기간은 12년으로 기재돼 있었다. 루이 페레스가 마닐라의 수용소에 있을 동안 그 증명서는 이단심문소에 몰수되었다.

자유민의 자격으로

두 번째 증언자는 루이 페레스의 차남인 당시 24세의 마누엘 페르난데스였다. 페르난데스는 형의 진술에 동의하면서, 가스팔은 일본인 노예 상인에게 끌려왔으며 그의 몸값은 은으로 10 내지 11페소였다고 진술했다. 더욱이 당시는 일본인이 다른 토지로부터 약탈해 끌고 온 동포를 포르투갈인에게 파는 일이 일상다반사였다고 덧붙였다. 가스팔의 계약에는 문서의 교환은 전혀 없었고 후일 예수회 선교사에 의해 증거서류가 작성된 것뿐이었다.[101] 그 서류에는 가스팔이 정해진 햇수만큼 봉공한 후에는 자유민이 된다고 간략히 기록돼 있었다고 증언했다. 막상 법정이 열리자 멕시코 이단심문소 부속왕실국고의 제1재무대표관 가르시아 데 카르바할 박사는 가스팔의 해방을 승인하지 않았다. 그는 루이 페레스의 아들들은 유대교 자손이기 때문에 그 진술은 믿을 수 없고 이단심문소를 기만하려 한 것이라고 주장했다.[102]

또한 페레스가의 또 한 사람의 봉공인, 일본인 미겔 제로니모[103]도 자신의 해방을 주장하였다. 아마도 1601년 말 1602년 초의 일이다. 그는 24세였다. 그의 주장은 주인인 루이 페레스가 수감된 후 노예가 아닌 하인으로서 아카풀코까지 건너갔다는 것이었다. 그 후 멕시코 이단심문소의 재산몰수관 마르틴 데 비르비에스카 로르단에게 인도되었고 그는 계약이 정한 기간보다 2년 많은 도합 14년간 일했다. 이 소송의 경과에 대해서는 문헌이 남아 있지 않아 그가 소송 도중에 타계했는지 혹은 해방이 되지 않았는지는 확실치 않다. 해방되었다면 아마도 그 증명서류가 남아 있었을 것이다. 다음 주인이었던 마르틴 데 비르비에스카 로르단은 멕시코 이단심문소의 요직을 역임하고 마지막에는 금고관리관으로서 이단심문소가 몰수한 재산을 직접 관리하면서 막강한 권력을 손에 넣었다.[104] 1620년경 고령으로 후임 인사가 시작된 것이 사료로 확인된다.[105]

다른 두 일본인에 관해서는 가스팔 페르난데스가 왕실 국고의 재무대표관 후안 페레스에게 두 차례의 소송을 제기한 후, 전술한 로르단이 가스팔 페르난데스뿐만 아니라 같은 신분으로 루이 페레스를 섬기던 노예 벤투라도 자유의 몸이 된 것을 선고했다. 최후의 심의에서 이단심문소는 가스팔과 벤투라를 루이 페레스의 자식들에게 보내도록 결정했다. 1604년 6월 5일의 일이었다.

그러나 페레스의 자식들이 이단심문소에서 이 두 일본인을 마주하는 일은 일어나지 않았다. 유대교도로서 같은 장소에서 체포되어 재판에 넘겨지는 것을 두려워했기 때문이었을 것이다. 그렇다고는 해도 멕시코에서 노예가 된 두 일본인의 해방은 결정적인 것이었다. 페레스 일가의 자금 원조와 위험을 감수한 법정 증언 없이는 불가능했을 것이다. 가스팔 페르난데스와 벤투라 두 일본인은 고향으로부터 멀리 떨어진 멕시코 혹은 다른 땅에서 자유민으로서 생애를 마감하였을 것이다.

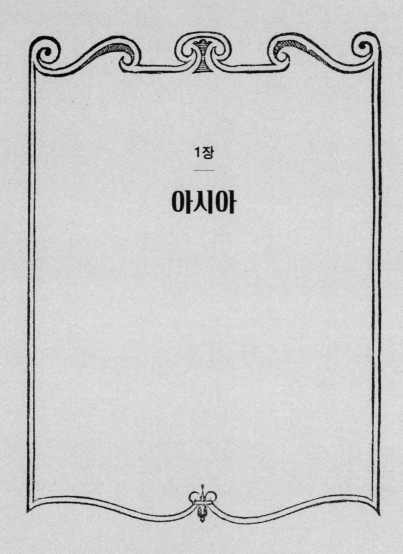

1장
—

아시아

1. 마카오

  이 장에서는 우선 16세기 후반부터 17세기에 걸쳐서 스페인과 포르투갈 세력이 지배적이었던 지역에서 흔적을 남긴 일본인에 관한 정보를 1차 사료를 통해 추출해 소개한다. 그들이 산재하는 양태는 대항해시대의 스페인과 포르투갈 양국 출신의 교역 네트워크와 밀접하게 연결돼 있다. 그리고 그 가운데 '노예'적 형태로 존재하는 사람들의 모습도 떠오르기 시작한다.

  우선 첫 번째로, 일본과 가장 깊이 연결돼 있는 포르투갈인 항구 마카오를 살펴보자. 17세기 초 마카오에는 꽤 많은 일본인이 거주하고 있었던 것으로 보이나 그 일본인 공동체의 양태를 정확하게 그려내는 것은 사실 쉬운 일은 아니다. 16세기 닝보의 난(1523년)으로 명일 간 무역이 단절된 후 후기 왜구의 활동으로 명조 당국이 일본인 입국을 엄격히 경계하고 있었기 때문에 마카오에서 일본인이 거주하고 있다는 사실은 있을 수 없는 일이었다. 그러므로 거기에 대해서 언급하는 문헌 자체는 매우 한정적일 수밖에 없다.

그러나 남아 있는 사료에서 그 공동체의 상황을 부분적으로 재구축하는 것은 가능하다. 마카오의 포르투갈인 거류지에는 성립 초기부터 일본인과 타 아시아인종이 다수 공존하고 있었고, 그 사회구조는 포르투갈인을 아시아 각지에서 마카오로 오게 한 노예무역과 밀접하게 관련돼 있다고 할 수 있다.

여성 문제

가톨릭의 제3회 고아 교구회의(1585년)에서 채택된 결의문 제5조에 따라 나우선 내에서 여성 노예와 남성 승조원 간에 종교 윤리상 부적절한 관계가 생기는 것이 금지되었다. 항해 중 여성 노예는 남성으로부터 격리된 장소에서 지내야만 했고, 야간에는 여성의 방에 자물쇠를 채우는 것이 법률로 제도화된 것도 이때 교회에 의해서였다. 이는 해상교역을 통해 노예가 다양한 지역에서 포르투갈령 인도에 도착했고, 그중에는 '비노예' 여성들이 끌려오는 경우도 있었기 때문이다.[1]

1598년 일본에 있던 예수회 선교사들은 포르투갈 상인과 일본인 여성 노예의 관계를 대대적으로 비판했다. 상인들은 마카오에 머무를 때 내연관계에 있는 여성 노예를 몰래 선내 자신들의 방

〈그림 8〉 17세기 초의 마카오. 안토니오 보카로(António Bocarro), Livro das Fortalezas da Índia Oriental, 1635

에 숨겨서 마카오로 데리고 가는 관습이 있었기 때문이다.[2] 제5회 고아 교구회의(1606년)에서 의결된 결의문 제3조에 1585년과 동일 사안이 재차 지적되었다. 여성 노예를 운반하는 나우선의 선장은 여성을 승조원으로부터 격리하고 밤에는 그 방에 자물쇠를 잠글 의무가 명기되었다. 이 규칙을 어긴 자에 대해서는 교회로부터 파문되거나 200파르다오의 벌금이 부과되었다.[3]

1560년대에 일본에 온 많은 포르투갈선은 여성 노예를 태운 채 출항하였으며 그 노예들은 마카오로 보내진 후 더 나아가 말라카나 고아까지 보내지고는 했다(Sousa, 2013).

포르투갈인이 동아시아 해역에 출입하기 시작한 16세기 중엽, 일본인뿐만 아니라 중국인 여성도 일본을 경유하여 다른 지역으로 보내졌음이 확인되었다. 1556년에는 분고의 오토모 소린(大友宗麟)과 야마구치의 오우치 요시나가(大內義長) 형제가 왜구에 의해 일본으로 끌려온 중국인 송환을 구실로 명조와의 교역을 요구했던 사실이 있다(鹿毛, 2015). 왜구에 의한 중국연안 지역 약탈과 아시아 지역에서의 인신매매는 밀접한 관계가 있으며 당시 동아시아 해역에서 막 교역을 시작한 유럽인도 그에 관여하고 있었다. 이를 통해 동아시아 출신 노예의 행동범위가 글로벌하게 전개되었던 것이다.

필자는 별도의 논고를 통해 유럽으로 건너간 한 중국인 여성 노예의 생애에 관한 연구를 제시했는데 다음과 같은 상세한 이야기를 밝혀냈다(Sousa, 2013). 그녀는 중국 연안지역에서 태어나

자랐는데 필시 왜구에 의해 납치되어 일본으로 끌려갔을 것이다. 그곳에서 마카오로부터 내항한 포르투갈인에게 팔려 갔던 것으로 보인다. 선상에서 세례를 받고 빅토리아 디아스라는 포르투갈 이름을 받았다. 그 후 빅토리아는 마카오에서 말라카, 그리고 고아로 향했다. 고아에서는 코친의 포르투갈인 여성에게 팔려 가 얼마간 일한 후 다시 고아로 보내져 포르투갈 개종 그리스도교도인 대상인(商人) 밀란에게 넘겨졌다. 빅토리아는 이 밀란 일가와 유럽으로 갔고 리스본에서 가사 노예로 일했다. 리스본에서 수십 년을 지낸 후 밀란가가 이단심문에 넘겨질 때에 수감됐다가 몰래 탈옥하여 훗날 밀란가의 자녀들을 데리고 앤트워프로 도주했다. 그 후에는 사망할 때까지 독일의 함부르크에서 살았다.

또한 다른 사례로 1570년대 초, 열 살도 채 안 된 일본인 소녀 마리아 페레이라가 포르투갈에 도착한 사실을 들 수 있다. 그녀는 20년간 가사 노예로 일한 후 자유의 몸이 되었다.[4] 제3장에서 상세히 다루겠지만 포르투갈에는 16세기 중엽, 덴쇼 소년견구사절 도착 이전부터 일본인이 존재했다.

이들 사례를 통해 상품 집적지로서의 마카오의 성격이 확인되며 그곳에 노예들이 머물렀던 것은 대체로 일시적인 것이었다고 생각된다.

일본인 여성과 남성

　필자가 확인한 바로는 마카오에 살던 일본인에 관한 최초의 구체적인 정보는 1583년의 것이다. 그것은 가스팔 페르난데스 데 메데이로스라는 포르투갈인 용병의 다음과 같은 증언에 나온다.

　　나는 마카오에서 그리스도교도인 일본인과 중국인 여성이 각각 자기 주인의 불운을 한탄하는 것을 목격했다. 두 여성의 주인들은 마카오의 연안에서 낚시를 즐기고 있을 때 무장한 중국인 병사에게 잡혀가서 참수되었다. 그러자 마카오의 포르투갈 당국은 이 사건에 관해 아무런 대책을 취하지 않았던 중국의 관리들에 대해 불평을 토로했다.[5]

　메데이로스가 증언한 명조 병사에 의한 포르투갈인 살해사건에 관해서는 크리스토판 칼도조라는 다른 포르투갈인 용병도 증언한 바 있다. 양자의 증언에 약간의 오류가 있는데, 그 여성들은 노예가 아니라 자유민이었으며 정식 혼인수속을 밟은 것이 양쪽 사료에서 확인된다.[6] 남편이 살해당한 이들 여성에 관한 상세한 정보는 없지만 마카오의 커뮤니티에서 초창기부터 인종 간의 결합과 결혼이 상당히 일어나고 있었던 것으로 추측된다. 일본인 여성의 다수는 아마 혼자가 아니라 포르투갈인의 파트너로서 마카오에 거주하고 있었을 것이다.

후술하겠지만, 1607년부터 1613년 사이에 페루의 리마시에서 실시된 주민 인구조사에는 마카오에 살던 일본인 여성 프란체스카 몬데이라와 스페인인 파블로 페르난데스 사이에 태어난 남성이 기재돼 있다. 그는 성인이 된 후 마닐라발 갈레온선을 타고 아메리카 대륙으로 건너왔을 것이다. 또한 피렌체 상인 프란치스코 카를레티의 여행기 『세계주유담Ragionamenti di Francesco Carletti』에는 1598년 3월에 일본을 출발해 마카오로 건너간 배의 선장이 일본인 여성과 포르투갈인 남성의 혼혈이었다고 쓰여 있다. 아마도 이 선장은 캄보디아 방면의 교역에서 활약하던 프란치스코 데 구베아라는 이름의 인물을 가리키는 것으로 보인다. 같은 시기 나가사키-마카오 간 교역에서 이름을 올린 혼혈인 선장으로는 일찍이 예수회의 동숙*으로서 마카오의 거상 페드로 가이오의 사위가 된 비센테 로드리게스도 있다(高瀬, 1994).

카를레티는 일본을 포함한 세계각지에서 노예무역에 종사하고 있다 보니 책에서는 '노예상인'으로 표현되었지만 그는 아마도 '노예'만 거래했던 것이 아니라 각지에서 다양한 상품 매매에 종사하고 있었을 것이다. 즉, '노예'는 여러 상품 중 하나에 불과했던 것이다.

마카오에는 여성뿐만 아니라 남성도 적지 않게 존재했다.

---

* 同宿, 도주쿠. 일본 예수회 세미나리오 등에서 선교사를 도와 활동하던 일본인 수사(修仕).

1582년에 일어난 조난사고 기록을 통해 승조원이었던 일본인 남성에 대해서 알 수 있다. 그해 많은 상품을 싣고 마카오에서 일본으로 향하던 선단 중 한 척이 악천후와 태풍으로 침로를 잘못 잡아 대만 연안 부근에 조난했다. 포르투갈인은 1540년 이후 대만에 들른 적이 있다. 이 사고에 관한 일련의 보고를 통해 당시의 마카오-일본 간 즉, 남만무역 항로의 대강의 승조원 인원 수와 인종 구성을 확인할 수 있다.

예컨대 예수회 선교사 루이스 프로이스의 『일본사』에는 그 배의 선원은 약 200명인데 그 중 80명이 비그리스도교도 중국인이었으며 더욱이 배의 상급선원이었다고 기록한다.[7] 이 기술로부터 남만무역의 선단에는 상당수의 중국인이 함께 타고 있었음을 알 수 있다. 그 비율은 선원 전체의 40퍼센트에 달한다. 예수회 선교사 알론소 산체스의 기록[8]에는 그 배의 승조원 수가 290명 이상이라고 하는데 프로이스의 기록보다도 많다. 또한 이 조난사고에 관한 예수회 선교사 프란치스코 피레스의 보고에 따르면 "모로 주앙이 이끄는 정크선에 탑승한 여러 일본인들과 함께 모래땅이 이어진 해안에 간신히 도착했다"[9]고 한다. 그 정크선의 선장은 모로 주앙으로 불리는 인물이며 그 배에 많은 일본인 승조원들이 있었음도 확인된다. 앞서 언급하였듯이 모로 주앙은 후에 나가사키의 두인*이 되는 마치다 무카(町田宗賀)이다. 즉, 나

---

* 頭人, 도닌. 일본 근세시기 마을의 사무를 보던 관리(役人).

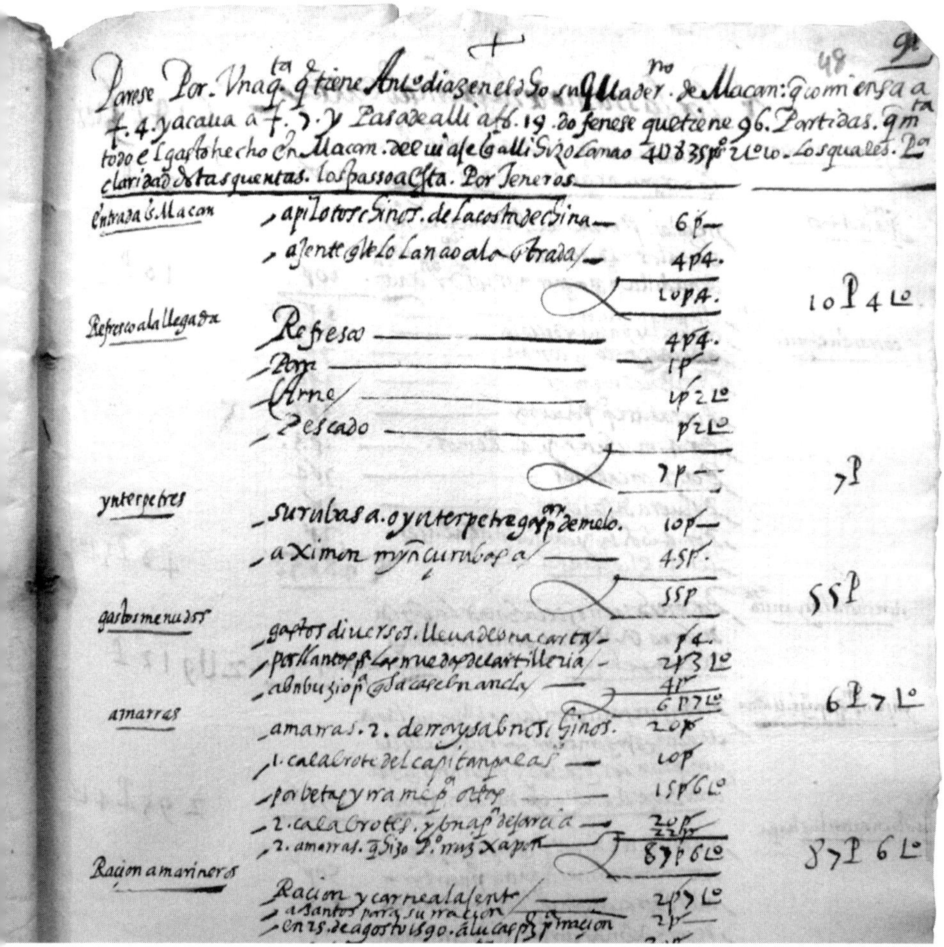

〈그림 9〉 가르세스의 항해일기에 있는 마카오에서 필요로 한 비용 장부(AGN)

가사키의 두인에서 시작해 마을 이장을 역임했던 마치다 무카는 젊은 시절 자신이 직접 정크선을 타고 해외무역에 종사하는 선장이었고 마카오에도 출입하였던 것으로 확인된다.

대만에서의 조난에 관한 사료를 통해 초기 마카오 공동체를 형성하는 3대 기둥을 알 수 있다. 바로 포르투갈인, 중국인, 그리고 일본인이다. 마치다 무카나 그 수하들도 마카오에 거주지를 가지고 있었으며 마카오 시장의 상업활동에 깊이 관여하고 있었다. 그들은 중국인과 함께 활동하는 경우도 있었다. 일본인의 경우에도 그 신분은 노예, 소사 등 한 가지가 아니었는데 사역을 당하는 입장에 있는 사람들에서부터 자유민, 상인, 심지어는 선단의 선장까지 다양했다.

1590년에 쓰여진 안토니오 데 가르세스(카세레스)의 상업일기[10]를 통해서는 마카오항에 대해 상세히 알 수 있다. 가르세스의 배가 마카오에 입항할 때 유도를 담당한 이는 중국인이었다. 동시에 어떤 중국인 해병이 나우선에 올라타서 배가 안전히 입항할 수 있도록 감시하고 있었다. 묘사된 바에 따르면 선원들은 음료, 빵, 고기, 생선을 샀다. 그리고 가스팔 데 메로와 시만 민이라는 주르밧사* 두 사람을 고용했다. 아마도 둘 모두 포르투갈계 중국인이었을 것이다. 가르세스는 총액 약 372페소에 배의 정비, 특히 정박 작업이나 뱃밥 채우기, 못질하기 등 갑판 코킹 작업, 권

---

* Jurubaça, 포르투갈령 식민지 동아시아, 동남아시아, 특히 마카오에서의 통역사.

취작업[11]을 위해 일꾼을 고용하고 있었다. 작업 책임자는 팔라시오, 페드로 오르타스, 페로 데 가르시아로 불리던 중국인이었다. 게다가 가르세스는 페드로 루이스 하폰이라는 일본인에게 배 한 척당 두 개의 밧줄을 걸치는 작업에 20페소, 기타 작업에 4페소를 지불했다. 후술하겠지만 페드로 루이스 하폰은 마카오항에서 중요한 인물이었다.

마카오의 항만기능

이야기를 진행하기 전에 마카오항과 노예무역의 관계를 명확히 해 두고자 한다. 마카오의 주요한 경제활동은 상품의 집하와 해운이었다. 브라질과 누에바에스파냐에 있어서 아카풀코와 같은 큰 항구도시나 멕시코시티와 같은 대도시를 제외하면 노예는 주로 농장과 광산의 노동력이었다. 그러나 마카오에서 노예와 노예였던 사람들의 대다수는 항만노동자가 아니라 하급선원이었던 것으로 추측된다. 마카오가 아시아 경제의 중심지로서 발전했던 시기, 수송 노동은 돈을 벌 수 있는 용이한 방법이었다.

포르투갈인의 관리하에 있었던 모든 항구도시에서 노예는 각자의 주인 아래에서 일하거나, 주인의 지휘에 따라 제3자가 감독하는 노동에 파견되었다. 이들 노동에는 대금이 지불되었고 그 일부는 노예 본인에게 지급되었다. 액수는 아마 이익의 절반 정도였을 것이다. 그것은 노예가 일할 의욕을 북돋아 주기도 하여 주인에게도 적당한 방법이었다. 노예 입장에서는 어느 정도 자유로운 일상생활을 영위할 수 있을 뿐만 아니라 해방을 위한 자금을 마련하는 것이기도 했다. 마카오에서도 같은 일이 행해지고 있었다. 아마도 페드로 루이스 하폰은 원래 일본인 노예였다가 임금을 모아서 자유신분을 획득한 인물이었을 것으로 생각된다.

동종의 사료에 보면 페드로 루이스 하폰이 가르세스의 이름으로 다수의 노동자를 고용하고 선박의 보수에 필요한 목재를 조달했던 것으로 알려져 있다. 노동자들의 이름은 안드레스, 바르톨로메 시아트, 프란치스코 메로, 롯케 데 메로, 프란치스코 멘데스, 프란치스코 벵가라, 프란치스코 프레트(프레트는 검은색을 뜻하는 포르투갈어로 여기서는 아프리카인을 가리킴), 주앙 하폰(일본인)이었다.[12]

일본인 주앙 하폰은 가장 비천한 일에 종사하는 임금노예였는데, 그 임금은 0.5페소에 불과했다. 주앙 하폰은 노동자 리스트의 가장 나중에 기재돼 있다. 다른 노예의 국적은, 예를 들어 프란치스코 벵가라는 벵갈 지방 출신, 프란치스코 프레트는 아프리카 출신으로 추측할 수 있다. 나머지 사람은 그 이름으로부터 출신지를 알 수는 없다. 포르투갈인 이름을 가진 자는 그들의 주인 이름을 그대로 가져온 것으로 생각된다. 예를 들어 롯케 데 메로는 아마도 1590~1591년 마카오의 카피탄 모르를 지냈던 롯케 데 메로 페레이라의 노예였던 것으로 생각된다.

〈그림 10〉 마카오 지도. 브리 형제 『크고 작은 항해록』(De Bry, Petits Voyages, Frankfurt-am-Main, 1606-1607, vol. VII)의 삽화

마카오의 항만 노동자로서 꼭 필요했던 이들 하급노동자 외에 마카오의 포르투갈인 가정에서 일하는 다른 부류의 일본인이 있었다. 즉 가사 노예이다. 가사 노예는 주인에 종속되어 물과 식량을 나르고 요리, 청소, 전령, 자녀 돌봄, 주인 이동 시 수행 등의 일을 하였다. 1607~1608년에 데 브리 형제에 의해 편찬된 동양 항해기록집 『크고 작은 항해록Grand Et Petits Voyages of De Bry』에 수록된 마카오 묘사 그림을 보면 그곳 노예에 관한 많은 정보를 얻을 수 있다. 이에 수록된 판화는 마카오를 묘사한 유럽 인쇄물로서는 매우 초기의 작품으로 농촌의 풍경, 고기잡이 하는 모습, 배에서 육지로 상품을 운반하는 작업 등이 묘사돼 있다. 또한 두 사람의 행상인이 상품을 팔면서 다니는 모습, 가마를 끌거나 햇빛 가리개를 든 노예들, 무장한 노예/용병이 말을 탄 포르투갈인을 호위하는 모습 등을 관찰할 수 있다.[13]

유언장과 이단심판조서에 나타난 노예의 상세정보

일본인 가사 노예가 마카오 사회에 존재했던 것은 1576년 이래 여러 차례에 걸쳐 카피탄 모르를 지냈다가 마카오에서 일본으로 건너온 도밍고스 몬테이로의 유언장(1592년)에도 명백히 나와 있다.[14] 이 유언장에는 "나를 위해 일한 일본인 남녀 노예들은 내가 죽은 후에는 자유의 몸이 되도록 한다."라고 적혀 있다. 유

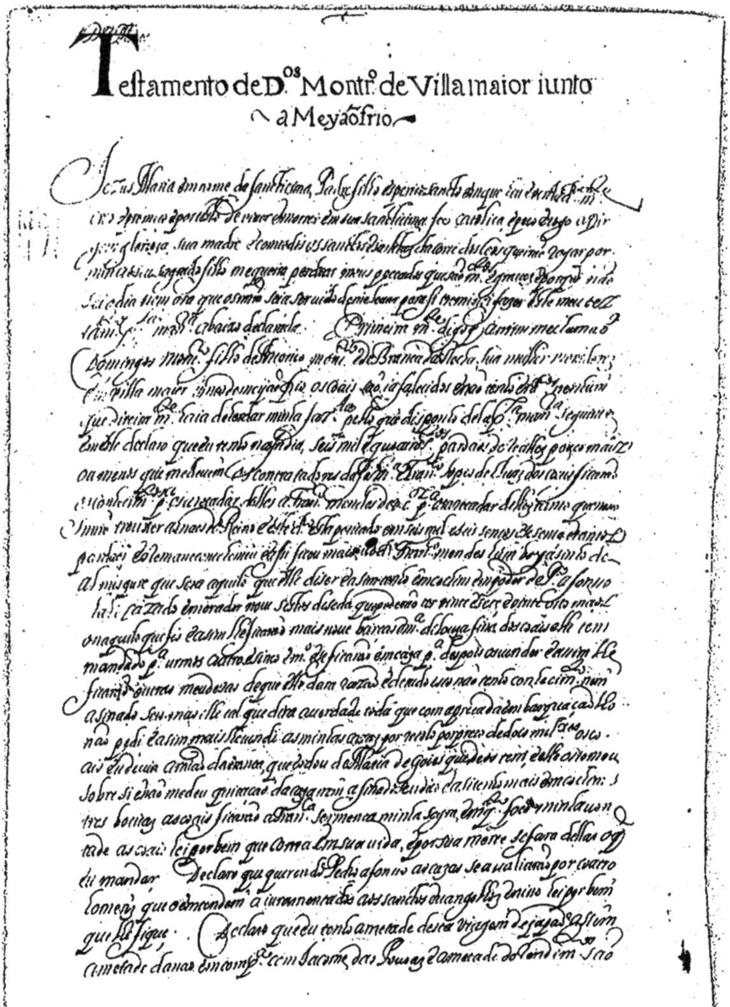

〈그림 11〉 도밍고스 몬테이로의 유언장(AHSCMP)

언장 속 여성 노예들은 각각 50파르다오의 은급을 받았다. 비오란테라는 일본인 여성 노예는 400파르다오를 받았다. 그 외에도 성명미상이지만 많은 일본인 노예가 해방되었고 각각 10파르다오를 받았다. 도밍고스 몬테이로의 노예들 중에는 마리아, 세뇨라 아마리순, 주앙(여성), 기오마르, 아그에다, 마리안나라는 이름의 미성년 일본인 소녀들이 있는데, 결혼적령기가 될 때까지 몬테이로의 사촌이었던 가스팔 핀토 데 로샤의 집에 머무르게 하라고 명시하고 있다.

또 다른 유언장에는 1600년경 마카오에 있었던 다른 미성년 일본인 여성 노예의 상세한 정보를 알 수 있다.[15] 막달레나라는 그 여성은 루시아 로우바타라는 부인을 위해 일하는 노예였다. 루시아는 상인 크리스토반 소아레스 몬테로소의 부인이었다. 그녀는 유언장에서 자신의 사후 일본인 노예인 막달레나를 해방하고 10파르다오를 주며 결혼할 때까지 헤르낭 파랄레스의 집에 살도록 한다고 지시를 남겼다. 그 집에 있던 다른 두 사람의 미성년 여성 노예가 다른 곳으로 팔려갔던 것을 볼 때 막달레나는 그 가정에서 특별한 존재였던 것으로 생각된다.

마카오에 살았던 포르투갈인의 유언장은 마카오의 사회구성을 알 수 있는 매우 귀중한 정보를 제공하지만 현존하는 것은 많지 않다. 그러나 이들 유언장을 통해 당시의 일본인 노예가 처한 환경이 매우 국제적인 것이었음을 알 수 있다. 예컨대 전술한 막달레나는 샴이나 중국 출신 노예들과 함께 살았다.

레오나르 다 혼세카라는 마카오 주재 포르투갈인 여성에 관한 1593년 자의 이단심문기록[16]에는 포르투갈인 여성을 위해 일했던 이네스라는 이름의 일본인 여성이 있었던 것이 확인된다. 이네스의 주인은 유대교도 혐의로 이단심문소에 체포됐고 궁핍함 속에서 사망했다. 이 여성 노예의 경우 확실하지는 않지만 그 후 마카오의 다른 가정으로 팔려 갔을 것으로 생각된다.

실제로 많은 노예는 해방된 뒤 할 일을 찾아 자립해 살아갈 수 있는 가능성이 있었다. 남성 노예와 노예출신자들이 마카오의 항만 노동자로서 일하는 한편, 해방된 여성 노예들은 가정 내에서 하인으로 일하는 것이 일반적이었다. 예를 들어 1593년경, 마리아 피레스라는 이름의 노예 출신 일본인 여성이 마카오에 살고 있었다. 그녀는 1562년에 일본에서 태어나 1583년경 마카오로 왔다. 해방된 그녀는 마카오 상인들의 집을 전전하며 하인 일을 했다고 한다.

비슷한 사례는 또 있다. 우르슬라 페레이라라는 여성은 1560년부터 1564년 사이에 일본에서 태어났고 노예 해방 후에도 하인으로서 마카오에 계속 살았다. 그녀는 (마카오 태생의) 앞의 포르투갈인 여성 레오나르 다 혼세카를 위해 일하며 생후 4개월 된 아이를 돌보게 되었다. 마카오의 유복한 포르투갈인 가정에는 소수였겠지만 남성 노예도 있었다. 1593년의 기록에는 안드레 바스라는 일본인 남성 노예가 니콜라오 실베이라는 신부의 소유였던 것이 확인되었다.

일본인 용병

　마카오에 있던 일본인은 노예, 자유민 신분에 관계없이 말라카, 고아, 마닐라 같은 곳에서 후술할 직업 외에 병사나 용병으로 일하는 경우가 있었다. 말라카에서는 1600~1614년 사이 마을의 경비역으로 말레이인 용병 외에 일본인 용병이 있었다.[17] 1606년 네덜란드인 함장 마테리에프가 말라카를 공격할 때 안드레 푸타도 데 멘돈사 대장의 지휘하에 포르투갈인 말라카 태생 혼혈, 선주민, 그리고 각지로부터 온 노예가 말라카까지 상거래를 위해 온 일본인 선박에 가세하고 있었음이 알려져 있다. 또한 고아 시 참사회(市參事會) 관계 문서에도 섬을 수비하는 일본인 노예병의 필요성이 적혀 있다. 같은 문맥으로 만일 일본인 노예가 해방된다면 현지인에 가세하여 반란을 일으킬 위험성도 우려하고 있었다. 그 사실은 고아 주재 일본인 노예가 매우 많았다는 것을 보여준다.[18]

　필리핀에서는 1596년 1월 18일 일본인 용병 그룹이 스페인군의 캄보디아 원정에 참가했다. 2년 후인 1598년 다른 일본인 그룹이 스페인군에 참가하여 2차 캄보디아 원정을 출발했다.[19] 1603년 10월 6일 마닐라에서 일어난 중국인(상글레이)의 대학살에는 스페인군과 함께 그 수는 불명확한 일본인들과 1,500인의 팡팡고 선주민, 타갈로그 선주민들도 포함돼 있었다.[20] 1597년 4월 16일 펠리페 2세(스페인 국왕, 재위 1556~1598. 포르투갈 국왕으로서는 펠리페 1세)는 마카오 시내에서 일본인의 무기사용을 금지하는 법률을 공포했다. 이 법률을 위반할 경우 엄한 처벌이 부과되었다.

마카오의 사병이나 용병에는 자유민과 노예 두 유형이 있었다. 일본인 노예의 경우는 혼자이건 주인과 함께이건 그 어떤 크기의 도검류도 휴대가 금지되어 있었다. 그 명령을 거스르는 자는 노예의 경우 인도의 갤리선에서 종신 노역형이 부과되었고 자유민의 경우 같은 갤리선에서 10년 노역형이 부과되었다.[21]

1592년 마닐라에서도 같은 방책이 채택되었다. 총독 고메스 페레스 다스마리냐스는 마닐라 주재 일본인 병력을 두려워하여 그 지역 일본인 커뮤니티를 약화시키고자 하였다. 그러기 위해 일본인 커뮤니티는 마닐라시 중심으로부터 떨어진 디라오 지구로 옮겨졌고 모든 무기류는 몰수되었다.[22] 하지만 마카오에서는 이 법률에 따르는 사람이 없었다. 왜냐하면 일반 시민도 종교관계자도 이러한 용병을 필요로 하였기 때문이다.[23]

마카오에서는 이러한 용병의 활동에 아프리카인 노예도 참가하였다. 그중 다수가 '카프리'라고 불리는 모잠비크 출신자들이었으며 포르투갈 무역 상인들이 고용하였다.[24] 마카오에는 많은 모잠비크인이 살고 있었다.

그들이 일본과 마카오 등의 극동으로까지 온 내력은 대개 다음과 같은 것이었다. 인도 항로를 건넌 나우선은 대부분의 경우 아프리카 동연안의 모잠비크에 기항하였다. 거기에서 노예를 싼

값에 사들일 수 있었고, 그들은 고아에서 매각
되었다. 또한 그들은 아시아의 여러 지역으로
보내졌다. 특히 마카오에서는 모잠비크 노예
가 높은 가격에 거래되었고 유복한 상인들은
그들을 일본으로 가는 항해에 동반시켰다. 그
들의 모습은 1622년 나가사키에서 일어난 대
순교를 묘사한 그림(로마 예수교회 소장)에도 처
형극의 관객으로 그려져 있다.

흥미롭게도 아프리카인 노예 혹은 용병의 다
수는 급여를 받았고 자기 자신이 노예를 구입
하는 일도 있었다. 1598년의 기록에는 아프리
카인 노예가 나가사키에서 일본인 노예를 구
매한 내용이 나와 있다.[25] 또한 멕시코에는 후
안 비스카이노라는 이름의 아프리카인 노예가
1631년 일본인 노예 후안 안톤을 해방시켜 주
었다는 기록도 남아 있다.[26] 후안 안톤이 해방
되는 데 소요된 비용은 100페소였다.

대항해시대의 일본인 노예

〈그림 12〉 겐나(元和)대순교도[로마, 예수교회(Chiesa del Gesù) 소장]. 선교사들의 책형(磔刑)을 바라보는 청중 가운데 흑인과 조선인의 모습이 묘사돼 있다.

스스로 신체를 파는 사람들과 노예의 말로

16세기 말 마카오 주재 일본인 인구는 증가하는 추세였다. 당시 카피탄 모르와 사무역 상선이 거의 매년 일본으로 도항하였고 일본인은 그 배의 승조원으로 마카오에 유입되었기 때문이다. 일본인이 포르투갈선의 승조원이 된 배경은 복잡했다. 다수는 범죄자나 채무, 빈곤 등으로부터 도피하려는 자들이었다. 해외 도항을 원했던 일본인에게 마카오가 천금과 같은 기회를 주는 곳으로 보였기 때문일 것이다. 그들 가운데에는 노예 구매자가 제시하는 조건을 받아들여 자신을 파는 사람도 있었다. 노예가 되는 것에는 본인의 동의가 필요했지만, 이러한 사람들은 자신이 어떠한 입장에 처해 있고 어떠한 일에 종사하게 될 것인지 등을 알지 못했다.

마카오로 출발했던 일본인들이 실종되는 이야기가 많이 알려지다 보니 포르투갈인 중에는 일본인을 승객으로 태우지 않는 일도 있었고, 마카오로의 도항을 희망하는 일본인 중에는 도망가지 않겠다는 증명으로 구매자에게 스스로의 신병을 팔아넘겨서 굳이 노예 신분으로 떨어지는 일도 있었다.[27] 노예의 구매자는 일본인의 인식 부족과 해외에서 새로운 인생을 시작한다는 그들의 욕구를 잘 이용해서 용이하게 노예를 모집할 수 있었다. 이러한 사람들은 마카오 내에서도 특히 포르투갈인 요새와 주둔지로 팔려 갔다.

또한 이러한 노예들이 마카오에서 비참한 처지에 놓여 있었던 것도 사실이다. 예컨대 주인이 사망하고 유언장에서 자유의 몸이 약속된 일본인 노예 중에는 해방 후 범죄에 손을 대는 자들도 있었다. 그들 집단에서는 마카오에 식료를 팔기 위해 오는 중국인들을 습격하는 일도 있었다.

16세기 말, 사태는 더욱 심각해졌다. 가난한 자들은 강도 조직을 결성하고 일반 시민을 습격하기 시작했다. 스페인 국왕 펠리페 2세는 이 상황에 어떻게든 개입하지 않을 수 없었고 사법관을 파견하여 현지 당국에 이러한 죄인들을 체포하도록 지시했다.[28]

필리핀의 스페인인과 외교적 혹은 상업적으로 문제가 일어날 때 포르투갈인은 복수의 방법으로 알코올 중독자, 강도, 범죄자 등 골치 아픈 노예들을 모아 배에 태워 마닐라로 보냈다. 그중에는 일본인도 포함돼 있었다. 마닐라로 팔려 나간 이러한 부류의 노예는 마닐라 시내에서 수개월에 걸쳐 혼란을 일으켰다. 1605년부터 1608년의 기록에는 이러한 포르투갈인의 처리 방식에 대한 많은 불평과 불만이 기재돼 있다.[29]

마카오 생활에 익숙하지 않은 상태에서 주인으로부터 벗어나 자유민이 된 일본인 여성의 경우 생계 수단으로 매춘을 선택하는 경우도 많았다.[30]

또한 고아에서 마카오에 이르는 포르투갈령 항구에는 질병으로 일을 할 수 없는 고령의 노예가 노숙하거나 누구의 도움도 받지 못하고 고독사하는 사례도 확인된다. 이러한 고령의 노예는 전혀 이익을 내지도 못하고 돌봐주기에는 경제적인 부담이 되며 또한 그들 자신도 살아갈 방법이 없었으므로 주인은 자살을 명하였다. 이러한 상황을 목격한 교회 당국은 1606년, 주인이 말년에 이른 노예를 돌보지 않으면 그 노예는 해방시키도록 하였고, 누구에게도 받아들여지지 않아 치료를 받지 못하는 경우는 그 지역의 미제리코르디아(자선원 혹은 구빈원) 원장과 수도사들이 신병을 인수하고 가난한 이들을 위한 병원에 수용하도록 결정하였다.[31]

일본선의 여정

1608년 즈음에는 포르투갈인을 섬기는 일본인 용병이 되어 마카오에 오는 일본인 노예의 숫자가 증가했다. 그 때문에 마카오의 포르투갈인 거류지의 일본인의 존재에 대해 중국 당국은 묵인을 이어가기가 어려워졌다. 마침 그때 규슈의 다이묘 아리마 하루노부(有馬晴信)가 파견한 주인선(朱印船)*을 타고 마카오로 온 일본인 선원들과 마카오의 포르투갈인들 사이에 분쟁이 일어났다. 세간에 말하는 마카오 사건이다. 30~40명가량의 무장 일본인 집단이 제멋대로 마카오 마을에 체류하고 있었는데 이

---

* 17세기 초 일본 도쿠가와 막부하 일본-동남아시아 무역에 왕래하던 일본 무장 상선. 막부의 허가를 받은 증명으로 붉은 인장이 담긴 증서를 소지하고 있었다.

내 마카오 시민의 정크선 한 척을 통째로 훔치려 한 사건이 발생했다.

이하 사건의 상세와 경위를 대항해시대사 연구의 대가인 찰스 복서(Charles Boxer)가 소개한 사료를 통해 그 흐름을 추적해 본다.[32] 그 문헌에 따르면 그들의 목적은 마을을 약탈하고 탈취한 정크선을 타고 일본으로 돌아가는 것이었다.

이 절도 사건을 해결하기 위해 명조 관헌은 당국에 분쟁 중인 일본인을 인도하라고 전했다. 명조에 의한 마카오의 포르투갈인 거류지의 행정 간섭을 우려하여 그 명령을 받아들이기 어려웠던 마카오의 포르투갈 당국은 관련 일본인들에게 명조의 병사들에게 발각되지 않도록 변장하고 무기를 숨기도록 하였고, 만일 따르지 않을 경우 마카오에서 살아서 나갈 수 없을 것이라고 전하였다. 그런 가운데 포르투갈인과 마카오에 있던 다른 일본인 집단 간에 새로운 분쟁이 일어나면서 상황은 악화되었다.

포르투갈 당국은 중국 당국을 과도하게 자극하지 않고 분쟁을 진정시키려 하였으나 그러한 시도는 일본인의 폭도화로 인해 실패하였고 치명적인 양상으로 발전했다. 오우비톨이라 불리는 특별 치안원 판사가 중상을 입었고 마카오 유력 시민의 자식이 전투에 휘말려 사망하였으며, 포르투갈인 여러 명과 그 노예들이 부상을 당하였다. 충돌 도중에 싸움을 포기한 일본인도 있었지만 싸움을 계속한 일본인은 민가를 약탈했고 거기에는 아리마가(家)의 가신들도 가담하고 있었다. 약탈한 자들은 약 40명 정도였다. 무기를 버리고 당국에 신병을 구속당한 자들은 가벼운 벌을 받은 후 훈방되었다. 그러나 민가에서 농성을 벌인 일본인들은 전원 살해당했다. 얼마 안 되는 생존자들은 예수회 신부들의 중개로 집을 나와서 처벌을 면할 수 있었다.

이 사건 후에 진행된 조사에서는 당시 현장에 있었던 많은 일본인의 증언이 수집되었다. 그후 사건의 주모자로 보이는 한 일본인이 처형되었다. 이 에피소드를 통해 이 충돌에 참여한 사람이 아리마가의 가신을 포함한 배의 승조원에 그치지 않고 마카오에 있었던 일본인 공동체 사람들도 포함되었다는 것이 알려졌다. 후자의 다수는 포르투갈인에게 고용된 용병이었다.

일본인에 대한 명조 당국의 경계

그 충돌의 과정과 결과는 명조 당국을 경계시켰다. 명조 당국은 마카오에 체재를 허가한 포르투갈인 사회가 당초와는 다른 양상을 띠어 간다고 느꼈을 것이다. 그때까지 포르투갈인은 단지 원격지와의 교류를 담당하는 존재였다. 그간 묵인해 왔던 마카오의 일본인 존재가 이번의 소란으로 인해 결코 간과할 수 없는 것이 되었지만 포르투갈인에 대한 신용 역시 흔들리기 시작했다. 명조 당국의 경계를 잘 알고 있었던 마카오의 포르투갈 당국은 그 상황을 되도록 원만하게 수습하고자 하였지만 결과는 정반대로 흘러갔다.

1614년 실질적으로 마카오를 관리하던 광동성의 양광총독(광동성, 광서성의 총독) 장명강(張鳴崗)은 마카오에서 일본인을 추방하라는 명령을 내렸다. 또한 포르투갈인이 일본인의 거류를 묵인하는 행위 그 자체가 명조 당국에 의해서는 배신행위로 간주되었다.[33]

이 문제의 해결을 위해 명조 관헌들이 마카오를 방문했을 때 항만지대는 흑인과 일본인 노예로 넘쳐나고 있었다. 거기서 명조 관헌은 일본인 90명 이상을 추방했다. 그러나 포르투갈인이 새로 일본인을 데려올 것을 우려하여 만약 새로이 포르투갈인이 마카오에 일본인을 데리고 올 경우 그자를 명조의 법률에 따라 참수형에 처한다고 선언했다.[34]

명조의 압력에 대해 포르투갈인들은 자신들을 정당화하기 위해 마카오 조차(租借) 당초부터 이 지역에 체재해 온 '옛 포르투갈인' 상인들은 중국 당국이 정한 법률에 항상 따라 왔으며, 광동 연해를 약탈한 해적과의 싸움을 통해 질서 준수에 공헌했음을 주장했다. 마카오에 일본인을 데리고 온 것은 중국인과 아프리카인 용병들이라고 주장하며 마카오 거주 일본인 문제의 책임을 회피하고자 했다.

또한 마카오시의 대표는 포르투갈인과 일본인의 관계 악화를 보여주기 위해 마카오 사건에 이어 1610년에 나가사키항 내에서 발생한 소위 마드레 데 데우스호(노싸 세뇨라 다 그라사호) 사건에 대해 설명하였다. 그것은 1609년에 카피탄 모르로서 마카오에서 나가사키로 건너갔던 안드레 페소아가 그해 말 나가사키 봉행과 아리마 하루노부의 군사에 습격을 당하여 배와 선원들과 함께 자폭한 사건이다. 이 사건은 1608년에 마카오에서 일어난 사건에 대한 복수행위라고 인식되었고 이로 인해 마카오와 일본의 통상이 중단되었다. 이에 더하여 포르투갈인들은 마카오에 일본인이 거류하는 것은 중국인 해적이 데리고 왔기 때문이라고 주장했다.[35] 그 후에도 마카오에는 일본인 공동체가 존속했는데 1614년 90명의 일본인(아마도 용병) 추방으로 인해 일단 사태는 수습되었다.

그리스도교인의 이주

그런데 같은 해 이번에는 일본 내의 그리스도교 문제로 인해 많은 일본인들이 마카오에 도착했다. 1614년 1월 21일, 에도 막부는 일본 국토에서 바테렌, 즉 선교사 추방을 명하였고 거기에 주요 그리스도교인들도 수행했다. 선교사와 지지기반을 잃은 다수의 유력 일본인 그리스도교인을 태운 세 척의 배 가운데 한 척은 마닐라로, 나머지 두 척은 마카오로 향했다. 각 배에는 약 100여 명의 그리스도교인과 선교사가 나누어 타고 있었다고 하니 이때 출국한 이들이 약 300여 명쯤 되었던 것으로 추정된다. 그해 마카오항에 도착한 일본인의 수는 명확하지 않지만 1614년 12월 21일, 마닐라에는 33명의 교회관계자와 100명의 일본인이 도착했다는 기록이 있기 때문에 마카오에 도착한 것은 200명 전후였을 것이다.[36]

이 시대 일본인 노예 거래는 전면적으로 금지돼 있었다. 그런데도 '모수 데 세르비수(계약 기한 유무에 관계 없는 봉공인)'들은 예수회 선교사를 수행하여 마카오로 건너갔다. 포르투갈 측의 문헌에 의하면 나가사키 봉행소는 이들 일본인 봉공인이 출국하는 것을 저지하기 위해 신부들로부터 분리시켰다고 한다. 그러나 그중에는 봉행소의 감시를 피해 승선한 이들도 있었다.[37]

이미 그 시기 여러 사정으로 인해 일본인 노예의 거래는 마카오 상인의 수입원이 아니게 되었다. 당시 예수회 선교사들은 아직 일본인 봉공인을 두고 있었지만 유럽과 인도의 예수회, 스페인과 포르투갈을 동시에 통치했던 국왕 펠리페 3세(재위 1598~1621. 포르투갈 국왕으로서는 펠리페 2세)와 일본의 위정자들은 마카오의 노예상인에게 압력을 가해 일본인 노예의 거래를 그만두게 하는 데 성공했던 것이다.

다수의 일본인이 마카오에 도착한 사실은 현지에 큰 혼란을 야기했다. 그만큼의 난민 수용 준비는 가능하지 않았기 때문이다. 특히 일본에서 되돌아온 선교사와 그들이 데리고 온 일본인 그리스도교인들이 투숙한 곳이 마카오의 성 바오로 학원이었기 때문에 학원은 금세 사람들로 넘쳐나게 되었고 더욱 궁핍해졌다.[38] 1616년 시점에 학원에는 10명의 일본인 학생이 있었는데 유럽에서 온 성직자에 대해서 일본어 교습이 행해지고 있었다. 초학자를 대상으로 하는 입문 단계부터 원어민처럼 유창하게 회화를 구사할 수 있도록 하는 상급 단계의 교습도 있었다. 이러한 일본어 교육은 가까운 장래에 선교사가 일본인으로 위장하여 밀입국해 잠복 포교활동을 진행하기 위한 준비였다.

1625년의 주민 대장

1625년 마카오의 남성 주민을 대상으로 한 인구조사가 실시되었다.[39] 마카오 출생의 시민과 타지에서 출생하여 마카오에 정착한 시민이 조사의 대상이었다. 또한 외국인 수도 조사되었다. 마카오 태생 시민의 대부분은 포르투갈인 아버지와 일본인, 중국인, 말레이인, 조선인, 인도인 등의 어머니 사이에서 태어난 혼혈인들이었다. 그들은 주르밧사라고 불렸다. 주르밧사의 어원은 말레이어로 본래는 통역을 의미했는데 마카오에서 통역은 대체로 혼혈인들이 담당했기 때문에 이 단어가 별도의 의미로 정착되었다고 한다.

이 조사에서는 마카오에 다수 있었음 직한 다른 아시아인 인종, 민족별 구성은 언급되지 않았고 자식이나 여성의 실제 인구수도 명확하지 않다. 1625년의 시점에 마카오에는 포르투갈계

〈그림 13〉 1625년 마카오의 인구조사 자료(에보라 공문서관 소장)

또는 유럽계의 남성 358명, 혼혈 남성 411명, 외국인 758명이 거주하고 있었다.

거주지별로 살펴보면 마카오 시민이 사는 곳을 3개의 지구로 구분할 수 있다. 마카오 지구, 성 라우렌시오 지구, 성 안토니오 지구이다. 가장 인구가 많은 마카오 지구에는 329명의 남성이 등록돼 있고 이어서 성 라우렌시오 지구에 298명의 남성, 성 안토니오 지구에 142명의 남성이 각각 등록돼 있었다. 이들을 남성 전체의 비율로 표시하면 각각 43퍼센트, 39퍼센트, 18퍼센트가 된다. 마카오 지구 내에는 혼혈이 55퍼센트(182명)를 점하고 나머지 45퍼센트(147명)는 포르투갈인과 기타 유럽인들이었다. 성 라우렌시오 지구에도 거의 비슷한 양상으로 42퍼센트(126명)는 유럽인, 58퍼센트(172명)가 혼혈이었다. 성 안토니오 지구에는 혼혈이 40퍼센트(57명), 유럽인은 60퍼센트(85명)이었다.

이 1625년의 사료를 통해 당신 혼혈 자녀들이 마카오의 유럽인 거류사회에서 중요 위치를 점해 가는 현상을 명확히 알 수 있다. 유명한 탐험가와 항해자가 아닌 아시아 각지에 확산했던 포르투갈인들은 이때까지 역사상 거의 언급되지 않았다. 그러나 그들은 역사상 결과적으로 두 가지 중요한 역할을 하였다. 하나는 포르투갈인이 가지고 있었던 선박제조술, 선박조종술, 화기제조술 등을 전 아시아 지역으로 퍼뜨렸다는 것이다. 둘째는 현지에 정주하면서 현지 사회와 긴밀한 연결을 형성하여 그들의 후손 또한 유럽과 아시아의 지역사회를 잇는 상업 네트워크를 발전시켰다는 점이다.

명조 당국에 의해 일본인의 마카오 체류는 위법하게 되었고 엄벌의 대상이 되었으므로 마카오의 일본인 공동체에 관한 정보는 많지 않다. 그러나 지금까지의 기술을 통해 마카오에는 다수의 일본인이 있었고 사회의 중요한 구성요소였음을 알 수 있다. 이들 일본인의 일부는 선원 등의 계절노동자로서 마카오와 나가사키 사이를 상시 왕래하는 이들이었다는 사실도 지적해 두고 싶다.

2. 필리핀

카가얀과 링가옌

16세기 중엽부터 17세기 필리핀에 존재했던 일본인 공동체에 관한 정보의 대부분은 이와오 세이치의 선구적이고 종합적인 연구(岩生, 1987)와 스페인 연구자 호세 에우게니오 보라오의 근래 연구(Borao, 1998·2005)에 기댄 바가 크다. 모두 일본과 필리핀 지역 간의 상업과 외교를 연구했으며 1570년부터 1637년까지 필리핀에 있었던 일본인 공동체의 구체상을 체계적으로 밝혀내었다.

스페인 측의 문헌에 최초로 등장하는 일본인 거류지는 루손 섬 북부의 카가얀(Cagayan)에 있었다. 동시에 그곳은 일본인과 스페인인 사이에 최초의 충돌이 일어난 장소라고 알려져 있다. 1582년 필리핀 총독 곤살로 롱키조 데 페냘로자는 카가얀 하천의 하구에 선장 후안 파블로 데 카리온을 보내 군사행동의 지휘를 맡겼다. 후안은 중국선 여러 척과 일본선 한 척을 공격했다. 게다가 항해 도중 18척의 일본 상팡(舢舨, Sampan)선(바닥이 평평한 대형 선박)과 전투를 벌였다. 스페인어 문헌에 의하면 함대장과 그 자녀, 그리고 200명 이상의 일본인이 학살 당했다고 한다. 후안 데 카리온은 그 지역에 정착해 일본인을 추방하고자 했다. 그때 카가얀에는 600명 이상의 일본인이 거주하고 있었고 스페인인의 침입에 대해 저항했으나 곧 진압되었다.

그 후 1586년에 상선 한 척이 오무라로부터 이 지역을 방문하기까지 일본인에 관한 정보는 확인되지 않는다. 이하는 보라오의 연구에 따라 초기 스페인령 마닐라와 일본인의 관계에 대한 개략을 서술한다(Borao, 2005).

일본인이 빈번히 통상을 행했던 다른 지역으로 링가옌(Lingayen)을 들 수 있다. 일본인은 그곳에 작은 항구를 만들었다. 미겔 데 로아르카의 보고서에 의하면 그 항구는 포르토 데 로스 하포네세스라고 불렸다(스페인어로 '일본인의 항'을 의미한다). 이 항구는 16세기부터 17세기 초까지 번성했다. 1618년 필리핀 총독은 피혁 제품이 이 지역의 주요 생산품이며 일본인 상인이 매년 자국에서 6만에서 8만 마리 분량의 사슴 가죽을 싣고 온다고 스페인 당국에 전하였다.

마닐라 주재의 일본인에 관한 정보는 1570년의 마틴 데 고이티의 기록에 나온다. 기록에는 그가 그곳에 도착했을 때 40명의 중국인과 20명의 일본인과 만났다고 적혀 있다. 일본인 중에는 파블로라는 세례명을 가진 그리스도교도가 있었다. 그는 성화를 보여주며 스페인인에게 묵주를 요구했다. 마닐라가 필리핀 제도의 교역 중심지가 되자 일본인 상인은 카가얀과 링가옌에서 서서히 이주하기 시작했다. 1583년 마카오-마닐라 간 통상이 시작되자 일본인 다수는 마카오를 경유해 마닐라로 도래하기 시작했다.

마닐라 당국과 일본인

당초 마닐라에서는 스페인 식민지 당국과 일본인 공동체가 서로 경계의 대상이었다. 1584년 필리핀 총독은 마카오에서 온 포르투갈 상인 바르톨로메오 바즈 란데이로의 배 두 척으로부터 군사적 지원을 받아 상글레이(Sangley, 주재 중국인)*의 반란을 진압할 수 있었다. 그러나 그로부터 3년 후 일본인 공동체에 대해서도 반란 의혹이 제기되기 시작했다. 도요토미 히데요시가 '바테렌 추방령'(1587)을 발표한 후 한 척의 일본선이 마닐라에 도착했다. 그 승조원들이 반란을 교사했다는 의혹이 떠올라 선원 여러 명이 체포되었고 통역 디오니시오 페르난데스가 처형되었다.

1588년 에도에서 다른 일본인 상선이 마닐라에 도착해 승조원

---

* 스페인의 필리핀 점령 이전부터 마닐라 등지에 왕래하던 화인(華人)을 지칭하던 용어. 중국계 필리핀 혼혈인을 지칭하기도 함.

에게 상거래가 허가되었다. 이 배가 마닐라를 떠난 후 1589년에 재차, 이번에는 그리스도교 관계자로 생각되는 일본인 일행이 도착했다. 그들이 일본에서 출항하자 마닐라의 방비가 증강되었다. 그 그리스도교 관계자들이 사실은 히데요시가 가까운 장래 마닐라를 공격하기 위해서 이 지역을 샅샅이 정찰하고자 보낸 사람들이라는 스페인 측의 의심을 샀기 때문이다. 그 시기 마닐라의 일본인 공동체는 마닐라 교외에 위치한 디라오에로 강제 이주되었으며 무기도 몰수되었다.

1593년 6월의 시점에서 이 공동체에는 300명 이상의 일본인이 있었다는 것이 확인된다. 일시적으로 상거래를 위해 체재했던 이들은 포함되지 않았으므로 그 숫자는 정주자의 실제 인원수였다. 그 숫자는 그 후 2년간 세 배 이상으로 늘어났다. 프란치스코 데 미사스의 서한에는 마닐라 주재 일본인이 1595년의 시점에 1,000명 이상이었다고 기록돼 있다. 그 급격한 증가의 원인은 마닐라와 나가사키 간의 일본선에 의한 통상이 1590년대 전반에 번성했기 때문이라고 생각된다.[40]

1596년 필리핀 총독 돈 페드로 데 아쿠냐는 장군 후안 데 가리나트의 원정군을 캄보디아에 파견했다. 그 군사에는 일본인 용병이 다수 참가했다. 마닐라의 일본인 공동체가 스페인 당국에 군사적인 지원을 제공한 것은 이것이 처음이었는데 이후에도 같은 양상의 일들이 여러 차례 있었다.

같은 해 갈레온선 상펠리페호가 마닐라에서 아카풀코로 항해하던 중 시코쿠해에서 조난을 당해 토사우라(土佐浦)에 표착했다. 당시의 해난에 관한 국제법에 의하면 표착선에 대한 합당한 구조가 의무였지만 히데요시는 일본의 법령에 따라 선적 화물의 몰수를 명했다. 또한 그와 관련해서 프란치스코회 선교사와 일본인 그리스도교인 도합 26명이 간사이 지방에서 나가사키로 호송되었고 니시자카(西坂)에서 처형되었다. 그에 대한 보복으로 스페인의 마닐라 총독부는 일본인 추방을 결정하였고 그 결과 마닐라 주변의 일본인 정주자 수는 500명까지 감소하였다(Borao, 2005).

1598년경 일본인 공동체는 서서히 활기를 되찾았다. 그해 일본인 용병의 일단이 총독 루이스 페레스 다스마리냐스(재위 1593~1596)를 수행해서 캄보디아를 향했다. 1603년 마닐라에서 봉기한 상글레이의 폭동을 진압하기 위해 일본인이 용병으로 동원되었다.[41] 그런데 상글레이 공동체와 마찬가지로 일본인 공동체도 스페인 당국에 대해 불만을 품고 반란을 일으켰다. 최초로 기록된 일본인 폭동은 1606년이었다. 그 계기는 마닐라의 왕립 대심문원(王立大審問院, 레알 아우디엔시아)이 공포한 마닐라로부터의 일본인 추방령이었다. 반란은 교회관계자들의 개입으로 미수에 그치게 되었다. 그러나 이듬해인 1607~1608년에 걸쳐서 새로운 반란이 발생했고 공동체는 스페인군에 의해 진압돼 괴멸상태에 이르렀다.

같은 해 비베로 데 베라스코의 외교사절은 도쿠가와 이에야스에게 마닐라로 오는 일본인은 상인과 선원에 한정하도록 요구했다. 1608년 8월 6일에 사절 일행을 받아들인 이에야스는 필리핀에서 폭동을 일으킨 일본인은 모두 처형하는 것에 동의했다. 그러나 실제로는 일본인 용병이나 해적의 마닐라 정주를 저지하기 위한 구체적인 대책은 마련되지 않았다.

일본인 공동체

1614년 12월 21일 에도 막부의 금교령이 내려지면서 마닐라로 33명의 교회관계자와 100명 이상의 일본인이 건너갔다. 그 가운데에는 히데요시의 유력한 가신이었던 다카야마 우콘(高山右近)과 나이토 조안(內藤如安)도 있었다. 우콘의 사후 고국으로 돌아가지 않은 일본인들은 나이토 조안의 지휘에 따라 마닐라에 성 미겔 거류지를 세웠다. 거기에는 약자들이 장래 일본에 귀환할 가능성을 고려해 그리스도교 포교에 도움이 되도록 세미나리오(신학교)와 같은 시설도 건설하였다.

그 후 일본인 공동체는 1608~1615년 사이에 재건되었고 일본인 용병은 필리핀 주둔부대의 중요한 지위를 점하게 되었다. 일례를 들자면 1615년 500명 가까운 일본인 용병이 총독 후안 데 실바가 이끄는 대 네덜란드 원정대에 참가하였고 말라카 해협으로 향했다. 그 즈음 마닐라에 남겨진 병사들은 스페인인 500명과 일본인 및 팡팡고 선주민 총계 700명으로 네덜란드의 공격으로부터 마닐라를 지키기 위해 해상경비를 담당했다.

1619년의 시점에 일본인 공동체의 인구는 약 2,000명이었다. 이듬해에는 3,000명이라는 기록이 있다. 1623년 12월 31일에는 3,000명 이상으로 증가했다. 마닐라 주재 일본인이 급증한 배경에는 일본과 마닐라 간의 통상왕래가 성행하게 되었던 점이 작용했다고 생각된다.

일본에서는 주인선뿐만 아니라 나가사키 주재 유럽인들도 필리핀으로 내항하게 되어 있었다. 여기에서 '포르투갈인'이 아니라 '유럽인'이라는 표현을 쓴 것은 나가사키에 정주하고 교역에 종사한 유럽인은 포르투갈인에 한정된 것이 아니었기 때문이다. 1619년 11월 22일 돈 페르난도 데 피게이로아를 선장으로 한 배가 나가사키에서 마닐라로 입항했다. 그 배에는 포르투갈인 4명, 비스카야인 2명, 플랑드르인 1명, 갈리시아인 1명, 카스티야인 1명, 제노바인 1명이 타고 있었다.[42] 일본인에 관한 기술은 특별히 나타나지는 않지만 일본인 승조원도 당연히 있었을 것이다.

1620년 5월 11일에는 마닐라의 외항인 카비테항(Cavite)에 산토 안토니오호가 나가사키로부터 도착했다. 그 배는 같은 해 3월 26일에 나가사키를 출발했는데 선장은 나가사키 주재 유력 포르투갈인 상인 마누엘 로드리게스 나바로였다. 거기에는 101명의 일본인 선원이 탑승해 있었다.[43]

주술을 쓰는 일본인 노예

용병이나 선원이라는 직업의 경우 기본적으로 그들은 노예가 아니라 자유민이다. 마닐라에는 자유민 일본인 외에도 다수의 '노예 신분' 일본인이 시내에 거주했는데 그 실태는 대체로 불명확하다.

1621년 3월 6일 2명의 일본인 노예 여성 우르슬라 쟈포나와 도밍가 쟈포나가 '마녀'라고 고발당했고 그 보고가 필리핀으로부터 멕시코까지 제출되었다.[44] 우르슬라는 두에냥 이자벨 데 몬테네그로라는 여성의 병을 치료해 달라는 의뢰를 받았다. 두에냥이 우르슬라에게 증상을 상세히 설명하자 우르슬라는 병이 저주 때문에 생겼다고 진단했다. 그리고 우르슬라는 저주의 주체로 몬테네그로 집안의 노예를 지목했다.

본건에 관한 보고서에 따르면 우르슬라 쟈포나에게는 과거를 읽는 힘이 있고 사람들은 그녀가 의뢰자의 손금을 읽는 것만으로도 미래가 예측 가능하다고 믿었다고 한다.[45] 유일하게 '손금 읽기'가 맞지 않았던 사례는 도주한 흑인 노예에 대한 것이었다. 우르슬라는 이 흑인이 필리핀, 일본, 말라카 중 어디로도 도망가지 않을 것이라 단언했다. 우르슬라는 또한 이 노예가 원 주인에게 돌아올 것이라고 보증했지만 이는 실현되지 않았다. 또한 사람의 일본인 여성 도밍가 쟈포나에 대한 정보는 알려지지 않았다.

다른 사례로 1622년 3월 17일 후안 데 이사소고아라라는 외과의사가 일본인 프란치스코 데 하폰을 '주술사'로 고발했다. 프란치스코는 후안에게 일종의 약초를 건네며 그것을 연모하는 여성에게 먹이면 그와 사랑에 빠지도록 만들 수 있다고 말했다 한다.[46] 프란치스코 데 하폰이 필리핀 이단심문에 걸린 것인지 아니면 멕시코로 보내진 것인지는 명확하지 않다.

마닐라 주재 일본인에는 용병 등을 생업으로 하는 남성뿐만 아니라 여성도 있었다. 본래 마닐라는 현지의 부족과 화인 등 다양한 인종으로 성립된 사회였고 혼혈도 흔했다.

사료를 통해 확인되는 일본인 여성의 사례로 몇 건이 있는데, 17세기 전반의 유명한 사례로 마리아나 나바로를 들 수 있다. 이 일본인 여성의 일본 이름은 확실치 않다. 마리아나는 마닐라 왕립대심문원의 중요직 검찰관을 맡고 있던 스페인 관료 후안 나바로의 아내였다. 필리핀의 엘리트 사회계층에 속했던 마리아나는 모범적인 그리스도교인이었던 루 데 산 후안이 자신에게 성폭행을 가했다고 고발했다.

그 고발 기록에 의하면 이 수도사는 고해실에서 그녀와 남편의 성적 관계에 대해 질문했고 그 후 부부의 집에 무리하게 동행해서 그녀에게 성적 관계를 강제했다는 것이다. 마리아나 사건에 관한 서류는 멕시코 국가문서관의 이단심문 기록에 있다. 하지만 기록상으로 이 사건의 결말이 어땠는지는 명확치 않다.[47]

엘리트 계급이었던 마리아나가 수도사를 고발한 건에 관련해서 다른 여성에 관한 한 사건이 밝혀져 있다. '인디아'가 반드시 '인도인 여성' 혹은 '선주민 여성'을 의미하지는 않고 '아시아인' 전반에 대해 사용된 호칭이었던 것은 이 책 서두에서 언급한 바 있다. 그러나 마리아나에 관련한 사료에도 나오듯이 그 여성은 일본인이었을 가능성이 높다고 생각된다. 그녀는 마리아나의 건과 유사하게 수도사 페르난도 데 모라가를 고발했다.[48]

필리핀과 일본의 단교

16세기 말 마닐라의 일본인 공동체와 스페인 지배층의 관계는 비교적 안정돼 있었던 데 반해 17세기에 들어서면 스페인 당국과 마닐라 주재 일본인의 관계는 악화되기 시작한다. 1619년과 1623년에는 복수의 일본인 그룹이 마닐라를 떠나 스페인에게 있어서는 최대의 적인 네덜란드 함대에 합류하였다(Iwao, 1943).

1624년 에도 막부는 필리핀 총독 알론소 파하르도 이 덴자(재위 1618~1624)가 파견한 사절을 거절했다. 이로 인해 스페인령 필리핀과 일본의 관계가 정식으로 끊어지게 되었다. 그 이유는 그리스도교 선교사가 마닐라로부터 밀입국해 오는 것을 저지하기 위함이었다.

1630년 예외적으로 두 척의 배가 마닐라에 들어왔다. 1628년에 아유타야에서는 스페인선이 다카기 사쿠에몬(高木作右衛門)

의 주인선을 불태운 사건이 일어났는데, 이와 관련해서 마닐라의 정황을 정찰하기(군비 등을 조사하여 정복 가능성을 살피기) 위한 것이었다고 한다(岩生, 1934). 한 척은 나가사키 봉행 다케나카 우네메(竹中采女)가 다른 한 척은 시마바라의 영주 마쓰쿠라 시게마사(松倉重政)가 파견한 것이었다(스페인 측 사료에서는 시마즈가의 파견으로 인식되고 있었다). 실제 이 배들은 마닐라에서 상거래를 행한 후 귀환했다. 그 이래로 마닐라-일본 간의 통상은 길이 끊어져 사람의 왕래까지도 사라지게 되었다. 희소한 사례로서 1632년경 130명의 간질병 환자들이 일본에서 마닐라로 호송되는 사건이 있었다(Iwao, 1943).

마닐라의 일본인 공동체는 그 초기부터 마닐라의 발전에 중요한 역할을 했던 것으로 보인다. 그러나 17세기에는 스페인의 통치 아래에서 주재 일본인이 불만을 품게 되었고 여러 차례 충돌이 일어났다. 스페인 당국은 딱히 일본인의 존재에 대해 좋은 감정을 가지고 있지는 않았지만 일본과의 교역 유지를 위해 주재 일본인의 힘이 필요했고 용병으로서도 유능했기 때문에 그들을 축출할 수는 없었던 것이다.

대항해시대의 일본인 노예

3. 고아

고아의 노예사회

고아는 1511년에 포르투갈의 통치하에 들어간 이래 포르투갈의 가장 중요한 정치적, 군사적 거점이자 상업의 중심지였다. 고아를 방문한 프랑스인 탐험가 프랑소와 피랄 드 라바르(1578~1623)의 기록에 의하면 그곳에는 아시아의 여러 지역으로부터 상인들이 왔는데 그중에는 일본인도 있었다고 한다.[49] 또한 같은 기록에는 '거주자'로서 다수의 중국인과 일본인이 고아에 있었다고도 적혀 있다.

고아의 상업사회에서는 노예 거래 또한 중요한 활동이었다. 라바르는 고아의 노예시장—디레이타 거리(Rua Direita)—을 상세히 묘사하였는데 거기에는 아프리카 동해안 출신의 노예(이른바 카프리인)이 주였고 기타 여러 아시아 민족의 노예를 구입하는 것이

가능했다고 적고 있다.

　포르투갈인에게 있어서 가장 가치 있는 것은 모잠비크의 카프리인이었다. 디레이타 거리에는 노예시장이 있었는데 팔리지 않은 노예도 많이 눈에 띄었다. 그러한 노예는 '임금노예(에스크라보스 데 가뇨)'로 불렸고 손으로 만든 상품과 주전부리 등을 팔아서 푼돈을 벌고 있었다. 그들이 얻은 수익은 주인에게 넘겨졌다. 프랑스인 모험가 장 모케(1575~1617)는 고아에 거주하는 노예의 생활 특히 그들에게 가해진 잔혹한 고문에 대해서 상술하였다. 그

　대항해시대의 일본인 노예

〈그림 14〉 16세기의 고아. 브라운(Braun), 호겐베르그(Hogenberg), Atlas, 1600

것은 그의 기억에 깊이 새겨져서 몇 년이 지나 적은 회고록에서도 '나는 때때로 저 야만적인 행위를 목도하며 매우 기분이 나빠졌다. 그것을 생각하는 것만으로도 전율이 인다'고 서술하고 있다.[50]

고아에 주재하였던 일본인에 관한 최초의 정보는 1546년 6월 2일에 고아시에 남아 있던 상인 안토니오 파리아 에 소우사의 유언장에 있다. 거기에는 일본에서 도망쳐 온 디오고라는 이름의 노예와 폼페우라고 불리던 중국인 노예의 일이 기록돼 있다. 도망 후 디오고는 파리아의 밑으로 되돌아갔다. 디오고가 일본인이었는지 중국인이었는지는 명확하지 않지만 파리아가 폼페우를 중국인이었다고 명기하고 있으므로 디오고는 일본인이었을 가능성이 높다.[51]

16세기 고아에 살았던 일본인

상세한 내용을 좀 더 확실히 알 수 있는 사례로는 16세기 중엽에 고아에 체재한 일본인으로 프란치스코 하비에르가 일본 도항을 결심하는 계기가 되었던 가고시마 출신의 안지로(파울로 데 산타페)와 그의 일본인 종자인 안토니오와 주앙 두 사람을 들 수 있을 것이다. 그들은 일본으로부터 도망하여 말라카를 경유해 고아에 1548년에 도착하여 고아의 성 파울로 학원에서 세례를 받았고 포르투갈어와 그리스도교 교의를 배웠다. 고아에서 일 년 정도 체재한 후 1549년 4월 하비에르의 수행원으로서 인도에서 일본으로 귀환길에 나섰다. 그로부터 약 반세기 동안 많은 일본인이 고아에 당도했으며 그 너머 포르투갈의 상관과 요새가 있는 아시아, 아프리카 각지 또는 유럽에까지 건너갔다고 생각되는데 아직 그들에 관한 개별적인 정보를 알아내지는 못하고 있다.

1592년에 마카오-일본 항해의 카피탄 모르였던 도밍고스 몬

que se Faz cada dia pola menhã na Rua direita na Cidade de Goa Feito Polo natural por Ioan de Linschoten framengo.

Pingues
Arbeiders.

Porteiro
Wtroeper

Ama
Voester

Sand

〈그림 15〉 린스호텐 『동방안내기』 삽화. 고아 중심부의 광장. 다양한 노예의 모습이 묘사돼 있다. 중심에는 한창 매매 교섭 중에 있는 젊은 여성 노예의 모습이 보인다.

테이로는 의붓 누이 앞으로 쓴 유언장에서 여러 일본인 노예를 고아로 보냈다고 적고 있다.[52]

또한 일찍이 일본의 예수회 포교장으로 순찰사 알렉산드로 발리냐노와 대립했던 고아의 성 바오로 학원장 프란치스코 카브랄은 1593년 11월 15일 자 고아발 연차보고에서 포르투갈인 하나가 소유한 3명의 일본인 노예가 도망쳤다고 적고 있다. 도망친 노예 가운데 둘은 이슬람교로 개종을 시도한 듯하다. 그 후 그들을 체포하기 위해 추격자가 파견되었으나 결국 한 신부의 중개를 통해 두 사람은 고아로 되돌아와 이단심문소에 출두하여 스스로의 과오를 시인했다. 관례적으로는 사형에 처할 중대한 과오를 범한 것이었음에도 스스로의 행동을 뉘우친 이 일본인들은 본래 주인에게로 되돌아가는 것이 허락되었다.[53]

1597년 앞서 언급한 피렌체인 상인 프란체스코 카를레티(1573~1636)는 동남아시아, 마카오, 일본에서의 오랜 여정 끝에 고아에 도착했다. 유럽으로 되돌아갈 때에는 일본인, 조선인, 모잠비크인 노예를 각각 1명씩 데리고 갔는데 도중에 해난을 만나 일본인은 목숨을 잃었다.[54]

유의해야 할 점은 1570년 포르투갈 국왕 돈 세바스티앙이 포르투갈령 내에 있는 일본인 노예 거래를 금지하는 법령('세바스티앙법')을 공포했음에도 그것은 포르투갈령 인도에서는 준수될 수 있는 형편이 아니었다는 사실이다.

또한 1603년 스페인 국왕 펠리페 3세(포르투갈 국왕으로서는 펠

〈그림 16〉 루벤스 『조선 복식을 한 남자』(1617년경, 게티미술관 소장)

리페 2세)는 고아에서의 일본인 노예 금지를 정한 1570년의 '세바스티앙법'을 재차 공포했다. 고아의 유력 시민은 이 법률 시행에 맹렬히 반대하며 그것을 저지하려고 1603년 12월 30일 자로 자신들의 주장을 국왕 앞으로 보냈다.[55]

이 서한의 내용(요약)은 다음과 같은 것이었다.

> 포르투갈령 인도는 만성적으로 병사 등의 인원이 부족합니다. 포르투갈령 인도는 이미 다수의 일본인 노예가 있으며 포르투갈인 병사의 수가 부족한 이상 그들의 존재는 고아의 섬 방위를 위해 필수 불가결합니다. 게다가 일본인은 유능한 전투원이어서 만약 노예 신분에서 해방된다면 그들이 고아의 주변에서 적들과 내통하여 반란을 일으킬지도 모릅니다. 수적으로는 포르투갈인을 상회하기 때문에 고아는 그들의 수중에 떨어질 것입니다.

이 주장의 근거로 포르투갈인 한 사람당 평균 5, 6명의 일본인 노예(용병)가 있었음을 들고 있다. 이 문서를 통해 고아의 일본인은 그 수에 있어서 포르투갈인을 상회했다는 것을 알 수 있다. 그러나 이 정보가 일본인 노예를 금하는 '세바스티앙법'의 재시행을 저지하기 위해 의도적으로 과장되었을 가능성도 있다.

1605년 고아 시의회는 펠리페 3세 앞으로 두 번째 서한을 써서 보냈다.

〈그림 17〉 루벤스『성 프란치스코 하비에르의 기적』(1617년경). 윈 미술사미술관 소장

화승총과 창으로 무장한 7, 8명의 노예를 이끌고 전장으로 향하는 포르투갈인 카자드(현지에서 결혼한 포르투갈인 고아 시민)들이 자주 보입니다. 그 까닭인즉슨 포르투갈령 인도에서 화기를 능수능란하게 다루는 것은 이들의 노예들 말고는 없기 때문입니다.[56]

즉 아시아인 용병과 노예는 포르투갈령 인도의 군사적 유지에 꼭 필요한 존재였던 것이다.

일본인 노예 학대와 노예 폐지

국왕, 고아 시의회 대표, 그리고 예수회를 둘러싸고 논쟁이 펼쳐졌고 1607년에 그 사태는 수습됐다. 같은 해 1월 18일 그리고 27일 자로 국왕 펠리페 3세는 인도 부왕에게 이미 1605년 3월 6일에 보낸 서한에서 내렸던 지시에 따라 고아 시내에 있는 일본인 노예를 금하는 법률을 공포할 것을 명하였다.[57] 이 서한으로 노예가 합법이었던 기간에 노예가 된 이들에 한해서는 그 신분이 지속되지만, 상기일 이후에 획득된 일본인 노예를 소유하는 것은 위법하게 되었다.

이렇게 해서 1607년 포르투갈령 인도에서 일본인을 노예로 삼는 일이 금지되었다. 그것은 학대를 받는 일본인의 참상이 고려된 결과이기도 했다. 그렇지만 그 금령 이후에도 일본인에 대한

〈그림 18〉 브라질에서 학대당하는 흑인 노예. 19세기 프랑스인 화가 장 밥티스트 데브레(Jean-Baptiste Debret)가 브라질을 묘사한 그림집 *Voyage pittoresque et historique au Brésil* 중에서

학대는 끊이지 않았다. 금령이 존재한다 하더라도 그 이전에 계약된 노예에게는 아무런 의미가 없는 것이었고 '하인'이라는 애매한 형태로 존재한 '노예 거래'는 계속되었기 때문이다. 또한 인도 부왕 당국이 적극적으로 위반자 단속에 나서는 일은 없었다.

앞서 언급한 프랑스인 모험가 장 모케는 1610년 고아에 체재했을 때 한 일본인 여성에 관한 사건을 기록했다. 고아에 체재 중이었던 모케에게 어떤 포르투갈인이 다음과 같이 말하였다. 구매한 지 얼마 안 된 일본인 여성 노예의 치아가 하얀 것을 칭찬했더니 그가 자리를 비운 틈에 자기 부인이 그 노예를 불러내 하인에게 그 치아를 바수어 버리라고 명했다는 것이었다. 그 후, 남편이 이 노예를 첩으로 삼을지도 모른다고 의심한 부인은 뜨거운 철봉을 그녀의 음부에 쑤셔 넣으라고 명하였고 결국 그 여성 노예는 사망하고 말았다는 것이다.[58] 이런 잔인한 사건의 전말은 노예를 학대하고 살해한 소유자의 가족에게는 아무런 형벌도 내려지지 않았다는 사실을 보여주며 이러한 학대가 일상적으로 일어나고 있었다는 사실이 모케의 기록을 통해서도 확인된다.

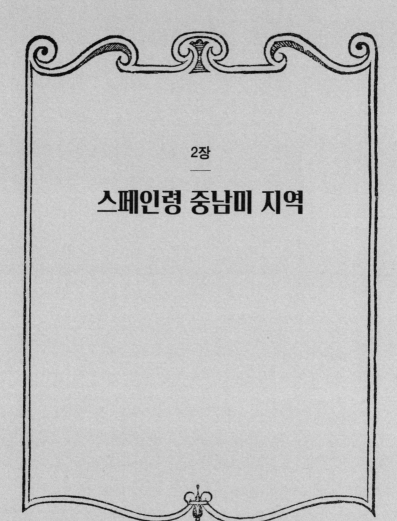

2장
—

스페인령 중남미 지역

1. 멕시코

마닐라 갈레온

1565년 갈레온 데 마닐라Galeón de Manila(별명 나오 데 시나Nao de China. '중국에서 온 배'를 의미함)가 운항하던 마닐라-아카풀코 사이의 항로가 개통되었다. 일본인은 다른 아시아인, 특히 필리핀인과 비교하면 다소 늦게 아메리카 대륙에 등장했다. 1580년 대에도 멕시코에 일본인이 있었다고 생각되지만 아카풀코항에 상륙한 아시아 자유민과 노예가 체계적으로 기록되기 시작한 것은 왕실국고금고(카하 데 레알 아시엔다, 통칭 카하 데 아카풀코)가 설립된 1590년 이후의 일이었기 때문에 그 이전의 기록을 찾기가 쉽지는 않다.

1593년 스페인 국왕은 갈레온 무역의 항해와 환태평양의 상거래는 개인의 일이 아닌 스페인 국왕에 속한 일이라고 규정했다.[1]

그와 동시에 그 항로에 함장(카피탄)과 해군대장(아르미란테)이 각각 지휘하는 두 척의 갈레온선 카피타나와 아르미란타가 취항하게 되었다. 이들 갈레온선은 종종 네덜란드와 영국 함대의 공격을 받았기 때문에 이 두 척의 갈레온선만으로는 항해의 안전을 확보하는 것이 어려웠으므로 '콘보이 데 로스 갈레오네스'(갈레온선의 용병단)로 불리는 호위함대를 편성하게 되었다.

갈레온선은 최종 목적지인 아카풀코에 도착하기 전에 치아메트라, 나비닷도, 코르마라는 항구에 기항하는 경우가 많았다. 이들 기항은 갈레온선 보급을 위한 것이었으며, 누에바에스파냐의 부왕정부 입장에서는 배가 얼마 후에 아카풀코에 도착할지를 알려주는 역할을 하였다.[2]

1584년 필리핀의 마닐라 총독부에 이스미키르판*의 광산주 중한 사람이었던 알론소 데 오냐테로부터 흥미로운 의뢰가 들어왔다. 그것은 3~4천 명의 아프리카인, 중국인, 일본인, 자바인 노예를 입수했다는 것이었다. 아시아인 노예는 가사노동에 가장 적합한 사람들로 여겨졌고 현지의 엘리트 가정에서 일을 시켰던 것으로 생각된다.[3] 한편 전반적으로 아프리카계 흑인 노예에게는 멕시코 광산에서의 중노동이 맡겨졌다. 결국 오냐테의 바람은 마닐라 당국에 받아들여지지 않았지만, 이 사료를 통해 필리핀을 경유하여 아메리카 대륙의 광산지대로 중국인, 일본인, 자바인 아프

* Ixmiquilpan, 멕시코의 도시.

리카인 등이 운송되는 경로가 있었음을 확인할 수 있다.

1587년 마닐라발 아카풀코행 적재량 600톤의 갈레온선 산타 안나호가 캘리포니아의 해안에서 영국 탐험가 토마스 카벤디쉬가 동반한 디자이어호에 습격을 당했다. 이때 산타 안나호의 승조원이었던 일본인 두 사람이 사로잡혔다. 그들의 이름은 리스토반(20세)과 코스메(17세)로 이 둘은 형제였다. 출신지나 일본 이름은 알 수 없다.

그들은 카벤디쉬 휘하의 선원이 되었고 태평양을 건너 동남아시아의 항구를 탐험하였으며 인도양을 경유하여 희망봉을 돌아 유럽에 다다랐다. 그 후 잠시 영국 국내에 체재한 후 1591년 카벤디쉬의 두 번째 원정에도 참가했다. 그 원정은 남미 해역에서 벌어진 포르투갈인과의 전투, 풍랑으로 인한 조난을 겪으면서 선원의 대부분이 사망했다고 하므로 두 사람도 그 항해 중에 사망했을 것으로 추정된다. 이 두 사람이 붙잡힌 후에 디자이어호가 캘리포니아 연안에 기항했을 때 아메리카 대륙에 상륙했을지도 모르지만 그러한 사실을 확인할 수는 없다.[4]

멕시코 거주 일본인

필자가 확인한 바로는 실제 멕시코에 거주했던 일본인에 관한 확실한 기록으로 가장 이른 시기의 것은 서장에도 나왔던 토메 발데스라는 인물에 관한 기록이다. 토메에 관해서는 멕시코에 이르기까지의 세세한 이야기가 비교적 잘 알려져 있다. 토메는 1577년 나가사키에서 태어났다. 그리고 나가사키 주재 포르투갈 인 프란치스코 로드리게스 핀토에게 노예로 팔렸다. 이 포르투갈인 상인은 16세기에 나가사키에 도착해 17세기 초 나가사키에 관한 사료에서도 이름이 보인다.

토메의 주인 프란치스코 로드리게스 핀토는 개종 그리스도교도 즉 전 유대교도였다. 그 때문에 페레스 일가와 관계가 있으며, 이단심문 관계 사료에서 그들의 증언도 포함돼 있는 것은 서장에서 서술했던 바 있다.

핀토는 그 후 토메를 나가사키에서 팔았고 마닐라로 연행된 토메는 스페인인 안토니오 알소라의 소유가 되었다. 알소라는 1596년 마닐라 갈레온선 중 하나의 선장으로 아카풀코로 항해했다. 토메도 거기에 동행했고 그 후 멕시코시티에 거주했던 것이 확인된다.[5] 앞서 언급했듯이 1597년에는 3명의 일본인, 가스팔 페르난데스, 미겔 제로니모, 벤투라가 멕시코에 도착했다.

다른 사례로는 1604년 멕시코 대주교의 앞으로 온 결혼 허가 청원에 관한 사료를 통해 확인된다. 그 해 민이라는 이름의 일본인 노예가 아마도 고아 출신인(포르투갈의 인도인으로 기재돼 있음) 노예 우르슬라와의 결혼 청원서를 제출했다. 그 신청 결과 등은 확실하지 않다.[6]

또 다른 사례로는 17세기 초(정확한 연월일은 미상) 세례명 카타리나 바스치도스라는 이름의 일본인 여성이 멕시코시티에 도착해 그 후 포르투갈 상인 프란치스코 레이탕과 결혼한 일을 들 수 있다. 그녀는 결혼을 계기로 자유민이 됐다. 그러나 노예 출신 아시아인이다 보니 이웃사람들로부터 많은 차별 대우를 받았다. 카타리나는 스스로를 지키기 위해 자기 자신이 노예 출신이긴 하지만 태어났을 때는 자유민이었으므로 사람들이 자신을 차별하는 것은 부당하다고 하며 재판소에 소송을 제기했다.[7]

17세기 초의 다른 흥미로운 사례로 도밍고 로페스 하폰을 들 수 있다. 도밍고 로페스 하폰이 언제 아메리카 대륙에 오게 됐는지 정확한 시기는 알 수 없다. 그는 멕시코에 살면서 도미니코회 수도사 페드로 에르난데스를 위해 일하였다. 페드로 에르난데스는 이 노예의 사용에 관해 누에바에스파냐 부왕으로부터 허가를 받았다. 그러나 이 허가증의 내용, 즉 도밍고 로페스 하폰이 종신 노예였는지 유기계약으로 고용된 것인지는 확실하지 않다.

1607년 10월 17일 자로 세비야시에 제출된 도미니코회 수도사의 청원서에는 도밍고 로페스 하폰이 구금 중으로 돼 있다. 상세한 사연은 알 수 없지만 장소는 세비야의 인도 상무원이었던 것으로 추정된다.[8] 구금된 이유는 정확하지 않지만 두 가지 가능성이 있다. 하나는 일본인이 유효한 허가증 없이 아메리카 대륙에서 스페인으로 건너왔을 경우다. 두 번째 가능성은 스페인 국왕이 승인했던 일본인 노예 수출에 관한 법적 단속과 직접 관계되었을 가능성이 높다. 인도 상무원에 제출된 청원서를 통해 수도사가 도밍고 로페스의 석방과 부왕이 승인한 허가증의 반환을 요구했음을 알 수 있다.

그 결과 도밍고 로페스 하폰은 석방되었다. 만약 구금되지 않았더라면 그의 존재에 관한 기록은 남지 않았을 것이다. 그 후 1612년 6월 4일 자로 국왕 펠리페 3세는 페드로 에르난데스에게 필리핀 도항에 관한 특별허가를 내렸다. 도밍고 로페스 하폰은 필리핀에서 먼저 일본으로 돌아가려고 했던 것 같다.[9] 이 사료의 실물에는 첫 페이지에 도밍고 로페스의 서명이 적혀 있다.[10]

일본에서 멕시코로 도항한 사람들

상술한 사례는 우연히 무언가 특별한 사정이 있어서 이름과 출신 기록이 남은 사람들로, 이 이외에도 다수의 일본인이 아메리카 대륙으로 건너갔다고 사료된다. 그리고 그들 대부분이 일본에서 필리핀을 경유해서 신대륙으로 건너간 사람들이었다. 스페인 문헌을 통해서는 이름이나 상세한 정보를 알 수 없지만 17세기 초에 일본에서 멕시코로 직접 건너간 일본인에 관한 사실이 몇 건 확인된다.

1609년 필리핀의 전 총독 돈 로드리고 데 비베로 이 벨라스코가 멕시코로 돌아갈 때 태평양 연해에서 좌초해 갈레온선 성 프란치스코호가 보소(房総) 반도의 온주쿠(御宿)에 표착했다. 돈 로드리고는 이곳의 영주 혼다 다다토모(本多忠朝)로부터 환대를 받았고 슨푸(駿府)에 있었던 도쿠가와 이에야스에게도 소개시켰다. 이에야스는 가신 영국인 윌리엄 아담스(William Adams, 일본명 미우라 안진三浦按針)에게 배를 건조시켜 여기에 돈 로드리고와 선원들을 태워서 멕시코로 보냈다.

1610년 8월 성 부에나벤투라호라는 이름의 배가 아메리카 대륙을 향해 출항했는데 선장 다나카 쇼스케(田中勝介)를 필두로 23명의 일본인이 타고 있었다. 이때 멕시코로 향했던 일본인에 관해서는 나와족 출신 멕시코 역사가인 도밍고 치말파인이 상세히 기술했다. 치말파인은 23명의 일본인 중 17명이 돈로드리고 구원에 대한 답례 사절로 국왕 펠리페 3세가 보냈던 세바스티앙 비스카이노 등과 함께 멕시코에서부터 갈레온선에올라 일본으로 귀환했다고 기록한다. 치말파인은 또한 3명의 일본인이 멕시코에 잔류했다고 적었다.[11] 나머지 3명은 사망했던 것 같다.

비스카이노 사절과 게이초 견구사절

답례 사절로 파견된 세바스티앙 비스카이노는 일본과 스페인의 우호친선 명목으로 도쿠가와 히데타다를 알현했다. 돈 로드리고가 이에야스로부터 빌린 4,000페소를 갚는 목적 외에도 일본 근해에 있다고 전해지는 금은도(金銀島)를 탐색하고 금과 은이 풍부한 일본열도의 지도를 작성하려는 목적이 있었다.

1611년 3월 비스카이노는 아카풀코를 출발하여 2개월 반만에 우라가(浦賀)항에 도착하여 일본 국내에 2년간 머물렀다. 그리고 1613년 10월 28일 세바스티앙 비스카이노와 프란치스코회 수도사 루이스 소테로, 그리고 약 180명의 일본인들은 성 후안 바티스타호에 올라 아카풀코를 향해 출항하였다. 이 항해는 게이초 견구사절로 알려져 있다. 일본 사절단장은 다테 마사무네(伊達政宗)의 가신 하세쿠라 로쿠에몬 쓰네나가(支倉六右衛門常長)였다.

1614년 1월 25일 배는 아카풀코에 도착했고 일행은 곧바로 멕시코시티로 향했다. 아카풀코에는 대략 80명의 일본인이 체재하고 있었는데 그들이 하세쿠라의 귀환을 맞이했다. 1614년 3월 24일 사절단은 정식으로 멕시코시티에 있던 부왕 이하 스페인 당국을 알현하였다. 동시에 일본에 있는 교회가 파괴되기 시작해 순교자가 나오고 있다는 소식이 멕시코시티에 전해졌다. 가톨릭에 대한 충성심을 보이기 위해 다수의 일본인이 성 프란치스코 교회에서 세례를 받았다. 하세쿠라 쓰네나가는 20~30명의 일본인 수행원과 수도사 루이스 소테로와 함께 스페인을 향해 출발했다. 대략 120명 이상의 일본인이 멕시코에 잔류했고 비용 부담을 줄이기 위해 이듬해 일본으로 돌아갔다.[12]

스페인, 프랑스, 이탈리아를 순회한 일행 가운데는 귀국하지 않고 세비야 근처의 마을, 코리아 델 리오에 그대로 머물렀던 이들도 있었다. 1616년 일행은 스페인 항구 산루카 데 바라메다를 출발해 1617년 멕시코에 귀환했다. 이때 멕시코에 잔류했던 일본인 일행에 대해서는 아무런 정보를 얻을 수 없었다. 아카풀코에 남았던 일본인들의 다수는 마닐라를 경유해 갈레온선을 타고 일본으로 돌아왔다. 남은 이들 가운데 소수는 현지에서 결혼해 자식을 낳고 항구 근처에 살았고, 나머지는 누에바에스파냐 내지로 향했다. 그들의 대부분은 행방이 명확하지 않지만 후술할 이야기와 같은 예외적인 사례도 있다. 약 2년 후 1618년 6월 20일 하세쿠라 사절은 가까스로 마닐라에 다다랐다. 하지만 일본에서의 금교정책에 대한 정보가 마닐라에 전해지면서 장시간 체류가 여의치 않게 되었고, 1620년 9월 22일에 나가사키에 도착하였다.

그런데 하세쿠라 사절의 흥미로운 점은 180명의 일본인이 센다이번 쓰키노우라 항구를 출발한 이래 수행원이 계속해서 감소했다는 것이다. 다수가 항해 중 혹은 타지에서 병사했을 가능성이 높은데 스페인에 잔류한 이들(제3장에서 상술함), 멕시코에 잔류한 이들도 상당수 있었다. 멕시코에 남은 이들 가운데에는 상세한 행적이 확인되는 경우도 있다.

과달라하라의 후쿠치 겐에몬(福地源右衛門)

우선 멕시코 중앙부의 과달라하라에 살고 있던 일본인 후쿠치 겐에몬의 이야기는 일본에서도 이미 소개되었다(大泉, 2002). 과달라하라는 누에바에스파냐에 있어서 멕시코시티, 아카풀코 다음으로 중요한 도시였다. 그곳에는 1624년부터 1642년에 걸쳐 작은 일본인 공동체가 존재했다고 전해진다. 그중 몇 사람은 현지에서도 잘 알려져 있었다.

후쿠치 겐에몬, 스페인명 루이스 데 엔시오에 관한 최초의 기록은 아마도 1624년 2월의 아와카트란(Ahuacatlán, 현재 멕시코 나야리트주Nayarit)에 있는 일본인 세례기록(1620년에 세례를 받았다)일 것이다.[13] 이름은 명확히 언급돼 있지 않다.

루이스 데 엔시오는 1595년생으로 출신지는 센다이번의 후쿠치촌(현재의 이시마키시 후쿠치)으로 추정된다. 게이초 견구사절에 관한 사료에서는 그의 이름을 확인할 수 없는데 아마도 그 수행원으로서 멕시코에 도착한 후 다른 일본인과 함께 멕시코에 남게 되었던 것으로 보인다.

멕시코의 사료에서 그에 관한 것으로는 그가 '부호네로(buhonero)'라고 불렸던 것이 확인된다. 부호네로란 '행상인'을 의미하고 특히 멕시코에서 사용한 스페인어에 나타난다. 흥미롭게도 이것은 후술할 다른 일본인 돈 디에고 바에즈와 돈 디에고 데라 크루즈의 직업과도 일치한다. 아와카트란에서 루이스 데 엔시오는 현지의 인디오 여성 카타리나 데 실바와 결혼하였고 둘 사이에서 딸 마르가리타 데 엔시오가 태어났다.[14]

수년 후 후쿠치 가족은 과달라하라에 이주했다. 그리고 1634년에 프란치스코 레이노조와 동업하여 처음으로 자신의 가게를 열었다. 1647년에는 프란치스코 데 카스틸리야 시노(전술한 것처럼 당시는 일본인도 시노로 불리는 경우가 있었다)와 함께 가게를 열었다. 그곳에서 루이스 엔시오는 일본인 후안 데 파에즈를 만났다.

후안 데 파에즈는 1608년에 오사카에서 태어나 겨우 열 살 때인 1618년 아메리카 대륙으로 건너갔다(아마도 노예나 봉공인으로 팔려 갔을 것이다). 이 인물이 언제부터 과달라하라에 살기 시작했는지 정확한 연도는 알 수 없지만 1635년부터 1636년 사이에 루이스 데 엔시오의 딸 마르가리타와 결혼한 것이 확인된다.

또한 하세쿠라 사절단 수행원의 다른 사례로 돈 토마스 펠리페 하폰(일본명 다키노 가베)에 관한 기록이 있다. 하세쿠라 쓰네나가의 호위대장이었던 돈 토마스 펠리페는 스페인 국왕 펠리페 3세의 궁정에서 세례를 받으며 스페인에 남을 결심을 했고 1623년에는 멕시코로 향했다. 그 이후의 발자취는 따로 전해지지 않는다.

멕시코 사회에 산재한 일본인

　멕시코에 도항했던 일본인에 관한 다른 정보로는 수도사 디에고 데 산타 카타리나에 관한 것이 있다. 이 수도사는 1615년에 아카풀코에서 일본을 향해 출발하였다. 일본에 도착한 후 누에바에스파냐에 머무를 예정이었는데 그 무렵에는 일본인을 승선시키는 것이 이미 금지돼 있었다. 그럼에도 일본인 상인 여러 명이 은밀히 배에 타서 신대륙으로 건너갔다. 그 이후 이 사람들의 운명에 대해서는 아무런 정보가 없다.[15]

　연도는 불분명하지만 일본인의 자유민 루이스 데 라 크루즈는 멕시코의 왕립대심문원 앞에서 자신의 상거래에 상품의 수출입 시행 허가를 요구했다.[16] 또한 일자는 불분명하지만 돈 디에고 바에즈와 돈 디에고 데 라 크루즈라는 두 사람의 일본인이 멕시코 시의 서기관에게 (근거리의) 항해 시행 허가를 요구하였다. 두 사람 모두 '부호네로(행상인)'의 직을 가진 공동사업자였다.[17] 그 밖에도 여러 건의 17세기 초 멕시코 사료에 나타나는 일본인을 열거해 보자.

　우선 일본인 후안 안토니오 하폰에 관한 기록이 있다. 그는 1624년 2월 3일 자 멕시코의 왕립대심문원의 청소관(聽訴官, 오이도르)을 도운 보수로 5,000두카트를 국왕으로부터 하사받게 되었다.[18] 같은 인물인지는 확실치 않지만 같은 후안 안톤이라는 이름의 일본인에 관한 1631년경의 기록이 있다. 그는 원래 돈 후

안 비스카이노라는 이름의 흑인 노예였는데 100페소를 지불하는 조건으로 해방되었다.[19]

그 밖에는 1644년 과나후아토의 살바티에라 후작(가브리엘 로페스 데 페랄타)이 프란치스코 데 카르데나스라는 일본인에게 과툴코항(현재의 오아하카)에서 화승총의 사용허가를 내준 기록이 있다. 이 허가는 적과의 전투에 참전한 사례로 부여된 것이었다.[20]

이상으로부터 16세기 중반 이후 멕시코에 확실히 일본인이 있었음이 확인된다. 그들의 신분은 노예, 상인 등 일정하지 않고 계층이 다양했다. 하지만 실제로는 다수의 일본인이 포르투갈과 스페인의 상업 네트워크 속에서 노예 신분으로 아메리카 대륙으로 옮겨졌다고 생각하는 것이 자연스럽다. 그들은 원래 비그리스도교도였는데 운송 도중에 그리스도교로 개종하여 일본명은 버리고 포르투갈인이나 스페인인과 같은 이름으로 바꿨으므로 역사사료에서 그들의 출신이나 내력, 자세한 생활을 찾아 내는 것은 거의 불가능하다. 부분적으로 일본인이라는 속성이 표기되는 경우가 있기 때문에 그들이 멕시코 사회의 형성 초기에 존재했던 것은 확인이 가능하지만, 사료에서 잠시 등장하는 그들의 생애를 계속적으로 관찰한다는 것은 매우 곤란한 작업일 수밖에 없다.

리마의 주민 대장

일본인이 어떠한 경로로 페루에 당도하였는지는 확실하지 않지만 가능성 있는 두 가지 항로를 생각해 볼 수 있다. 하나는 대서양 경유, 즉 고아를 경유하여 리스본으로, 그곳에서 브라질을 건너는 항로이고, 또 하나는 태평양 경유, 즉 나가사키에서 마카오 혹은 마닐라를 경유하여 아카풀코에 이르는 항로이다. 17세기 초의 페루에 있던 일본인은 아마도 복수의 항로를 거쳐 그 땅에 도착했을 것이다.

이미 남미의 역사 연구에서 잘 알려진 사료이지만 서기관 돈 미겔 데 콘트레라스가 수행한 인구조사를 통해 1607년에서 1613년의 기간 리마시에 20명의 일본인이 주재하여 생활을 영위하고 있었음을 확인할 수 있다.[21]

같은 인구조사에서 확인되는 것은 인디오라 불리는 사람이 총계 1,917명이었다는 사실이다. 그 내용에는 아메리카 대륙 선주민 '인디오' 외에 114명의 '오리엔트' 출신의 '인디오'가 포함돼 있다. 그것은 그들이 '인디아스 오리엔탈레스' 즉 동인도에서 건너왔음을 의미한다. 당시 '인디아스 오리엔탈레스'는 아시아 전반을 가리킨다. 그 지역에 상업 루트를 확립한 것은 스페인이 아니라 포르투갈이었기 때문에 그들은 어떤 식으로든 포르투갈 통상 루트를 거쳐 남미 대륙에 도착했을 가능성이 높다. 114명이라는 숫자는 당시 리마시 전체 인구의 약 6퍼센트에 달한다. 그 114명은 아울러 다음의 세 범주, '포르투갈 인디오', '중국 인디오', '일본 인디오'로 분류할 수 있다.

'포르투갈 인디오'란 포르투갈이 지배했던 아시아 지역 특히 고아에서 온 사람들이다. 고아는 포르투갈인 노예무역의 주요 거점으로서 적출(積出) 항구 역할을 했다. 이 범주로 분류된 이들은 총 56명이다. '중국 인디오'에 관해서는 그들이 거래된 지역이 마닐라, 마카오, 말라카라는 것으로, 총 38명이다. 소수파인 '일본 인디오'는 대부분이 나가사키에서 보내진 것으로 생각되는데 그 수는 20명이었다.

이들 일본인들을 자세히 다루기 전에 이 사료에서 사용된 용어의 문제에 대해 언급해 두고 싶다. 이 인구조사 사료에는 스페인이 지배한 다른 아메리카 대륙 여러 지역과는 다른 용어의 사용이 보인다. 예를 들어 당시 스페인이 유럽에 한정하지 않고 누에바에스파냐에 있는 아시아인에게 사용했던 일반적인 명칭은 시노(중국인)였다. 한편 포르투갈 본국에서는 아시아인을 의미하는 것으로 인디오(동서인도 선주민)라는 명칭이 사용됐다. 리마의 인구조사에서는 '아시아인'에 대응하는 누에바에스파냐풍의 호칭과 포르투갈풍의 호칭이 혼재돼 있다. 이를 통해 아메리카 대륙까지 이러한 사람들을 옮긴 상인과 항로가 포르투갈에 귀속된 것이고 그 때문에 리마의 '아시아인'에 대한 호칭이 뒤섞이게 되었다고 상상할 수 있다.

리마의 일본인 상세정보

직조공

리마의 인구조사에서 최초로 등장하는 일본인은 리마시에 3년 거주한(1610년 이후) 24세 디에고 델 프라도이다. 독신에 자녀는 없음, 재산/부동산은 소유하고 있지 않고 직업은 직조공으로 되어 있다. 그는 리마 정부의 서기관 집과 같은 거리에서 일하고 있었고 같은 사무에 종사하는 성명 미상의 다른 일본인 동료가 있었다. 그 일본인은 18세에 독신이며 조사 당시에는 리마시에 머무르고 있지 않았다. 디에고 델 프라도도 그의 동료도 소유자에 관한 언급이 나타나지 않는 것으로 볼 때 자유민이었던 것 같다. 그렇다고 해서 그들이 처음부터 노예가 아니었다고는 결코 말할 수 없다.

아내의 몸값을 치르고 빼낸 하폰

세 번째의 일본인은 이름이 하폰이고 26세로 망가사테(Mangaçate, 나가사키의 현지 발음으로 추정) 출신이다. 그는 당시의 페루 부왕, 후안 데 멘도사 이 루나(통칭 몬테 스크라로스 후작)와 동시기에 리마에 도착했다고 기록돼 있다. 멘도사의 페루 부왕 재임기간이 1607년 12월 21일부터 1615년 12월 18일까지였던 것을 고려하면 하폰은 1607년이나 이듬해 정도에 리마시에 도착했을 것이다. 디에고 델 프라도와 그의 동료와 마찬가지로 하폰 또한 직조공이었다. 그러나 그에 관한 특기할 만한 것은 하폰이 직원에 그치지 않고 자신의 점포를 경영하고 있었다는 점이다. 가게는 성 아우구스티노 거리, 성 아우구스티노 교회에 바로 이웃해 있었다.

하폰은 24세의 안드레아 안나와 결혼했다. 그녀는 포르투갈령 인도, 실제로는 현재의 인도네시아 마카사르 출신으로 자세히 기록돼 있다. 1603년부터 리마시에 거주하고 있었는데 그녀를 노예 신분에서 몸값을 지불하고 해방시킨 것이 하폰이었다. 이 사료를 통해 해방에 든 비용과 원 소유자의 이름이 확인된다. 소유자는 페드로 테노리아, 안드레아의 몸값은 300페소였다. 이 일본인 청년 하폰이 26세에 아내의 몸값을 치르고 빼내 가정을 꾸릴 정도로 충분한 경제력을 가지고 있었던 것은 놀랄 만한 일이

다. 1613년 하폰과 안드레아 안나는 결혼은 했지만 둘 사이에 자식은 없었다.[22]

스페인인 아버지와 일본인 어머니를 둔 남자

일본인 어머니를 둔 혼혈아도 있었다. 이름은 미상, 독신으로 포르투갈령 인도 출신이라 기록돼 있다. 1598년 마카오 출생으로 확인된다. 어머니는 일본인 여성 프란체스카 몬테라, 아버지의 이름은 파블로 페르난데스, 스페인인이었다. 1613년의 시점은 멕시코에서 리마로 이주한 지 얼마 되지 않았던 때였다. 후안 데라 후엔테 집에 문객으로 있는 스페인인 루이 디아스 데 메디나를 위해 일하고 있었다.[23]

고아 출신의 일본인

돈 조제프 데 리베라가 소유한 노예 부부는 약간 특이한 사례다. 남편의 이름은 토마스, 20세(1585년생)이고 부인의 이름은 마르타이다. 둘 모두 일본인으로 명시돼 있는데 그들이 인도의 고아 출신으로 되어 있는 것은 어떤 사정 때문이었을까.

"그는 고아의 한 마을 출신으로 속성은 일본인이며 토마스라는 이름으로 볼에 낙인이 찍혀 있었다. 포르투갈령 인도 출신으로 마르타라는 이름의 일본인 속성을 가진 고아인 인디아와 결혼했다."[24] 여기서 속성과 인종의 복잡함은 쉽게 이해하기가 어려운데 요컨대 두 사람 모두 고아 출신으로 양친 어느 쪽인가가 일본인이었던 것으로 생각된다. 이 속성에 관한 용어의 문제는 모두에서 설명했다.

고아에 거주하는 일본인은 상당수에 달했다. 그랬기 때문에 16세기 말 포르투갈 국왕의 이름으로 일본인을 노예 신분에서 해방한다는 명령이 선포되었음에도 불구하고 고아 시의회는 그에 따르지 않았던 것이다. 그들이 집단으로 반란을 일으킬 가능성이 있었기 때문이다.

낙인이 몸에 찍힌 일본인 노예 토마스와 부인 마르타의 사이에는 7세의 자식이 있었던 것이 확인된다. 조제프라는 이름의 그 아들도 노예였다. 그들이 언제부터 리마에 살았던 것인지는 확실하지 않지만 아마도 조제프는 리마에서 태어났을 것이다.[25]

노예의 낙인

위의 기술에서 토마스의 볼에 '낙인이 찍혀 있다'고 했다. 사료에서는 그것이 어떠한 것이었는지 명확하게 알 수 없다. 이러한 종류의 낙인은 이를테면 장래에 자유의 몸이 됐다 하더라도 영구히 그 사람의 출신을 계속해서 공표하는 것이다. 낙인찍힌 노예는 포르투갈인이 리마로 끌고 온 자 중에서 많이 보인다. 예를 들면 리스본에서 건너온 포르투갈령 인도 출신 여성 엘레나는 불에 달군 도장으로 볼과 턱에 낙인이 찍혔다. 말라카 출신의 두

사람 안드레아와 파블로 에르난데스는 볼에, 페구 출신의 프란
체스카 케사도 볼에, 벵갈 출신의 수잔나는 턱에, 마카오 출신의
발타자르 에르난데스는 턱에, 그 밖에 다수의 포르투갈령 인도
의 명기된 노예의 볼에 낙인이 찍혀 있었다. 발타자르 롤카라는
포르투갈령 인도 출신의 노예는 12세에 낙인이 찍혔다고 증언했
다.[26]

불에 달군 낙인을 찍는 것에는 두 가지 목적이 있었다. 하나
는 단순한 이유로 도망간 노예를 처벌하는 것이었다. 그렇게 함
으로써 그 인물이 노예라는 것을 누구나 인식할 수 있었다. 예를
들어 17세기 브라질에서는 도망간 노예에게는 '푸장(fujao, 도망
자)'이라고 어깨뼈 언저리에 'F'라는 낙인이 찍혔다. 'F'는 '푸장'
의 첫 음절임과 동시에 로마 시대부터 사용된 도망 노예에 대한
대표적인 낙인이었다. 그와 같은 관습은 포르투갈 본국에서도
보인다.

1588년 9월 17일 페드로라는 이름의 혼혈 노예가 포르투갈 남
부의 타빌라에서 '도망자'로 체포되었는데 그의 양 볼에 이미 낙
인이 찍혀 있었다.[27] 즉 이번이 그가 처음 도망을 시도한 것이 아
니었다는 것을 의미한다.

두 번째의 목적은 소유자를 명확히 하는 것이었다. 그것은 노
예상인과 국왕이 사용한 방법으로 통상 노예가 적출항을 출발할
때 낙인이 찍혔다. 이런 행위는 한 사람의 인간이 상품으로 변모
하고 만다는 점에서 매우 상징적이다. 그 시점에서 인간이 재산

으로 취급된다. 동시에 그 행위에 의해 노예는 인간 이하의 동물과 동등하게 취급되게 된다. 인두로 도장을 찍는 방법은 고대부터 현재에 이르기까지 가축에게 행해진 것이기 때문이다.

포르투갈의 주요한 노예 거래지에서도 이 낙인은 자주 보였다. 예컨대 아메리카로 향하는 아프리카 노예의 수출 거점이었던 상투메 섬 상관의 '상무원규칙'에는 1532년 포르투갈 국왕 주앙 3세가 아프리카로부터 운반해 온 노예의 몸에 인두로 낙인을 찍도록 다음과 같이 명령한 일이 있다.

> 법령. 현시점부터 상투메 섬으로 회송될 예정의 노예들에 관해 다른 노예와 섞이거나 헷갈리는 일이 없도록 획득된 모든 노예의 오른쪽 팔뚝 하부에 Guine(기네)라는 낙인을 찍을 것. (중략) 인장은 금고에 보관하고 열쇠 한 본은 상관장이 나머지 하나는 서기관이 관리할 것. 그리고 그 인장은 필요한 때에 상관장의 입회하에 금고에서 꺼낼 것.[28]

사료에 기록으로 남기는 어렵지만 이 관행은 고아에서도 자주 행해졌던 것 같다. 일례로 포르투갈 국왕 돈 주앙 3세의 명의로 된 코끼리를 돌보는 담당이었던 인도인 노예는 양 볼에 십자가 낙인이 찍혀 있었다고 한다.[29] 또한 고아에서는 노예가 불에 달군 철로 구타당하는 처벌 관습이 있었다. 그 결과 노예는 사망하거나 평생 장애를 안고 살아가는 신세가 되었다.[30] 포르투갈 귀족이 소유한 노예들도 다수가 얼굴에 낙인이 찍혀 있었다. 국왕 주앙 3세의 동생으로 왕위계승권 제1위였던 돈 루이스가 소유한 백인 노예의 얼굴에는 주인의 이름이 새겨져 있었다.[31] 돈 루이스의 사생아 돈 안토니오(프리올 도 쿠라토, 스페인의 펠리페 2세와 포르투갈 왕위를 다투다 패배했음)의 노예 안토니오의 볼에도 소유자의 이름이 낙인돼 있었다.[32]

그 밖의 사례로는 노예의 구매계약서에 노예에 대한 인두 낙인이 지시돼 있는 경우도 있었다. 어떤 포르투갈인 미망인은 1574년 페드로 누네스라는 상인에게 13~14세의 아프리카인 여자 노예를 주문했다. 그때 노예의 오른쪽 어깨뼈 언저리에 인두 낙인을 찍도록 지시했다.[33]

앙골라-브라질 사이에서 노예매매에 종사하는 상인 스파르 오멘, 마누엘 오멘 형제는 1594년 노예에게 M자, O자의 낙인을 찍었다.[34] 노예상인 프란치스코 데 라 카레라와 벨라르디노 데 세발료는 디오고 데 라 카레라 명의로 앙골라로부터 갈타헤나 데 인디아스(콜롬비아)까지 노예를 운반했는데 여러 가지 이름의 낙인을 찍었다.[35]

일본인 노예의 속성

주민 대장에 기재된 나머지 일본인은 조사관이 방문했을 때 주인의 집에 없었다. 그 때문에 대부분의 자세한 사항은 확실치 않다. 도나 안나 메시아라는 스페인인 여성의 집에는 이자벨과 막달레나라는 일본인 여성 둘이 있었던 것이 확인된다. 그 외에도 엔칼나시온 거리에 있는 디에고 데 아야라의 집에는 안토니아라는 이름의 일본인 여성이 일하고 있는 것으로 기재돼 있다.[36]

다른 일본인에 대한 자세한 사항은 알 수 없지만 일본인 전체에 관한 대략적인 기술이 나오므로 그것을 살펴보자. 일본인은 총 20명이며 그중 남성은 9명(기혼자 4명, 독신 4명, 미성년이 1명) 있었다. 한편 여성은 11명(기혼자 4명 독신자 7명)이었다. 단순 숫자로 보자면 독신 여성이 가장 많다. 이것은 그녀들의 연령대가 상당히 젊었음을 의미하는 것일 수 있다.

3. 아르헨티나

프란치스코 하폰

아르헨티나에 있던 일본인에 관한 최초의 기술은 코르도바시에 있다. 당시 코르도바는 노예 거래의 중심지였다. 특히 아프리카인 노예가 다수 거래됐는데 그들은 볼리비아의 포토시 은광에 노동자로 보내졌다. 코르도바시에 거주했던 노예에 관한 기록은 카를로스 센파트 아사두리안의 연구에 상세히 나와 있다.[37]

그 일본인의 이름은 프란치스코 하폰이라고 한다. 프란치스코의 최초 주인은 안토니오 로드리게스 데 아베가라고 돼 있다. 아베가가 언제 어디에서 어떻게 프란치스코를 소유하게 되었는지는 알 수 없다. 아베가는 프란치스코를 포르투갈인 디에고 로페스 데 리스보아에게 팔았다. 디에고는 코르도바 주재의 포르투갈인 개종 그리스도교도로서 노예상이기도 했다.[38]

1596년 7월 16일 상인 디에고 로페스 데 리스보아는 프란치스코를 신부 미겔 제로니모 데 포라스에게 팔았다. 그 기록에는 "프란치스코 하폰이라는 이름의 일본 출신 일본인 노예로 외견상 20세 전후로 생각된다"[39]라고 돼 있다. 이를 통해 추론해 보면 프란치스코는 1575년경 일본에서 태어난 것이 된다. 다른 다수의 일본인이 거쳐 간 항로와 마찬가지로 출발지는 나가사키항이었을 것이다. 그러나 어떤 경로로 아메리카 대륙에 도착했는지는 확실하지 않다.

　상인 리스보아가 신부 미겔 제로니모 데 포라스에게 프란치스코를 매각했을 때의 매매 가격은 800레알이었다.[40] 그 문헌에는 이 일본인이 어떤 전쟁이 한창일 때 포획되어 노예가 되었다고 기록돼 있다. 그 전쟁은 유럽의 기준으로 본다면 정의로운 전쟁으로(베나 게라) 올바른 전쟁에서 포획된 노예가 하인이나 노예로 팔리는 것은 합법적인 것이었다.[41]

　당시 가톨릭 교회는 일종의 원칙에 따라서 노예의 사용을 합법으로 간주했다. 그 이유 중 하나가 정의로운 전쟁(justi belli/guerra justa)과 정의롭지 못한 전쟁(guerra injusta)의 구별에 기반한 것이었다. 이 규정은 권력자에 의해 입맛에 맞게 해석되었는데 전제는 '정전(正戰)'에서 포로가 된 자는 프란치스코의 계약서에 기재된 것처럼 노예의 신분으로 취급되는 것이 허락되는 것이었다. 특히 그리스도교 세계의 확대를 위해 일어난 전쟁의 경우에 포로의 노예화가 용인되었다.

16세기 스페인과 포르투갈의 해외 진출 특히 아메리카 대륙에서 있었던 인디오에 대한 침략, 학살 행위를 '그리스도교의 확대'를 위한 '정전'으로 정의했던 움직임과 그에 반발하는 움직임이 있었다. 십자군 원정에서 시작된 유럽 세계의 신학에 기반한 법적 이해를 이때까지 유럽과 그리스도교와는 무관했던 신세계에 대입하는 것 자체가 오늘날 보기에는 비상식적이다. 당시에도 도미니코회 수도사 바르톨로메 데 라스 카사스 등에 의해 스페인의 식민지 정책에 대한 격렬한 규탄이 있었고 스페인 국내의 신학자들 사이에도 논의가 분분했다.

프란치스코의 계약서에 나타난 '정전'에 의한 노예라는 기록은 당시 포르투갈 국왕이 일본인 노예화 금지를 공언하고 있었던 것과도 관계가 있다. 즉 유럽의 법적 관습에 의거해 합법이라고 명기하지 않으면 프란치스코를 노예로 거래하는 것은 허가될 수 없었기 때문이다. 그것은 후에 프란치스코 자신이 제기한 노예 신분 해방 소송의 근거가 되기도 한다.

노예 신분 해방 소송

프란치스코는 1597년 3월 4일 노예 신분으로부터의 해방 요구를 제기했다.

그는 자신은(신분상으로) 노예가 아니라고 해방을 호소하며 서기관 디에고 데 소토마요르의 입회하에 소송의 판결을 기다렸다. 그 소송이 산티아고 델 에스텔로시에 있던 로페스 데 리스보아(프란치스코의 원 주인)에게 전해졌다. 신부 미겔 제로니모 데 포라스는 칠레로 이동하지 않고 프란치스코 하폰을 상인 발타자르 페레이라에게 인도하였고 800레알을 수령했다. 이는 하폰을 구매했을 때 지불한 금액이기도 했다. 동시에 발타자르 페레이라는 프란치스코 하폰의 호소가 받아들여져 자유의 몸이 될 경우 포르투갈 상인 디에고 로페스 데 리스보아로부터 800레알을 수취할 권리를 얻은 것이었다.

발타자르 페레이라는 노예상인에게 부에노스아이레스와 칠레 산티아고 상인들과 짜고 상거래를 진행해 왔다. 그는 브라질을 경유해서 스페인령 남미지역에 온 앙고라인 노예의 거래에 관여했다.[42] 그 후 프란치스코 하폰이 자유를 획득했는지를 증명하는 서류는 남아 있지 않다. 하지만 1598년 그의 신분이 '노예'가 아니라는 판결이 난 것을 예측할 수 있는 사료가 있다. 1598년 11월 3일 자 사료에서 페루 리마와 칠레 산티아고의 복수의 시민[후안 로페스 데 알디포카(리마), 제로니모 데 몰리나, 후안 마르티네스 데 라스툴, 로드리고 데 아비라(칠레의 산티아고)]들은 발타자르 페레이라의 대리인 후안 니에토를 통해 미겔 제로니모 데 포라스 신부에게 프란치스코의 대금 800레알을 청구하는 권리를 양도토록 하였다고 돼 있다.[43] 다시 말해, 프란치스코의 노예로서의 거래에 문제가 있다고 인정되었

기 때문에 순서를 거슬러 매입 비용을 변제하기로 결정되었다
는 것이다.

대항해시대의 일본인 노예

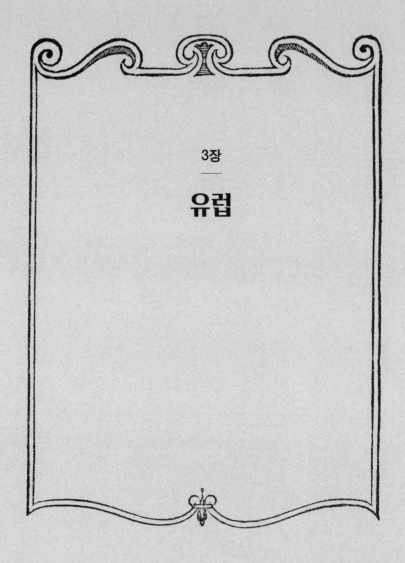

3장

—

유럽

1. 포르투갈

인도에서 유럽으로 향한 일본인 노예

포르투갈인 유통 네트워크에 들어간 일본인 가운데는 유럽으로 갔던 이들도 적지 않았다. 대항해시대의 유명한 해난 사건을 집대성한 『바다의 비극 이야기(História Trágico Marítima)』에도 조난한 일본인이 확인된다.

1593년 3월 21일 인도 원정 함대에 속한 나우선 산토 알베르토호(선장 줄리앙 데 파리아 세르베이라, 조타사 로드리게스 미게이스)는 코친에서 리스본을 향해 출항했다. 아프리카 대륙의 남쪽, 좀 더 정확하게는 테라 도 나탈(현재는 남아프리카공화국 더반)의 앞바다 폰테스 암초의 언저리에서 산토 알베르토호가 격한 폭풍에 습격을 당하고 선체에 타격을 입어 난파했다. 과적도 그 원인 중 하나였다. 주앙 바티스타 라바냐의 기록에 따르면 그때 함께 타고

HISTORIA
TRAGICO-MARITIMA

*Em que se escrevem chronologicamente os Nau-
fragios que tiverão as Naos de Portugal, de-
pois que se poz em exercicio a Navegaçaõ
da India.*

TOMO PRIMEIRO.

OFFERECIDO

A' Augusta Magestade do Muito Alto e Muito
Poderoso Rey

D. JOAõ V.

Nosso Senhor.

POR BERNARDO GOMES DE BRITO.

LISBOA OCCIDENTAL.
Na Officina da Congregaçaõ do Oratorio.
M · DCC · XXXV.

Com todas as licenças necessarias.

〈그림 19〉『바다의 비극 이야기』 1735년 초판

있던 일본인 노예 한 사람은 어떻게든 상륙은 했으나 사막에서 목숨을 잃었고 카프리인 노예 둘, 자바인 노예 한 사람과 함께 매장되었다고 한다. 4명의 노예가 매장된 골짜기는 그 후 '자비의 골짜기'로 이름 지어졌다. 신의 자비로 그들은 14일에 걸쳐 사막을 횡단해서, 카프리인이 다수 거주하는 비옥한 토지에 도착했던 것이다.[1]

인도의 고아나 코친의 항구에서 출발해 리스본에 도착한 나우선에는 매년 수백 명의 노예가 가득히 실려 있었다. 그중 다수는 단지 노예로 운반되기만 한 것이 아니라 선상 노동자이기도 했다. 평균적으로 인도에서 포르투갈로 가는 나우선 한 척에 200~300명의 노예가 운반되었다.[2] 리스본에 상륙한 노예에게는 당초 두 가지의 행선지가 예정돼 있었다. 기니 미나(Guinea and Mina) 상무원과 인도 상무원이었다. 전자는 아프리카에서 온 상품을, 후자는 아시아에서 온 상품을 각각 운반해 오는 장소였다. 이들 상품에는 당연히 노예도 포함되었다. 인도 상무원에서의 노예관리 방법은 명백히 먼저 세워진 기니 미나 상무원의 방법에 영향을 받았다.

이들 상무원에서는 노예를 태운 배가 항구에 도착하면 상륙 전에 상무원(feitor), 금고계(o tesoureiro), 상무원 서기관(escrivão da Casa), 창고계(almoxarife), 노예 등기관(escrivão dos escravos)이 선내에 들어갔다. 이는 위법한 상품이나 밀무역 상품이 국내에 유입되는 것을 방지하기 위함이었다. 과세를 위해 등기가 매겨지면

〈그림 20〉 16세기의 리스본. 조지 브라운(Georg Braun), *Civitates Orbis Terrarum*, 1572

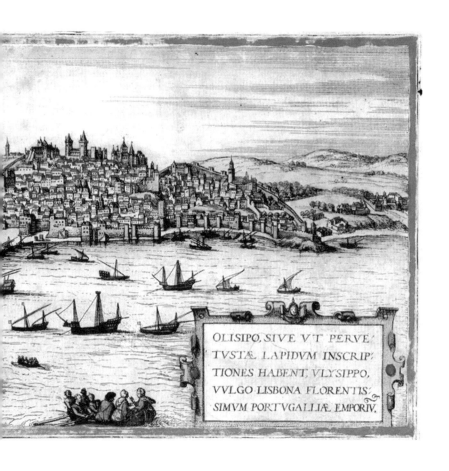

OLISIPO, SIVE VT PERVE
TVSTÆ LAPIDVM INSCRIP,
TIONES HABENT, VLYSIPPO,
VVLGO LISBONA FLORENTIS,
SIMVM PORTVGALLIÆ EMPORIV.

노예들은 배에서 내려 음식을 지급받았다. 동시에 그들의 건강상
태를 점검하고 빈사상태이지만 살아날 가망성이 있는 노예는 의
사에게 보내었다. 병이 회복되면 다시 상무원에게 인도되고 치료
를 받은 이들에 대한 비용 정산 후 그 비용이 지불되었다. 다른
이들은 창고계의 감독하에 노예용 숙소로 보내졌다. 거기에서
노예들은 재차 비용 정산을 받고서 가격표가 각각의 머리에 붙

여겼고 그에 따라 상무원에게 납부할 세금이 징수되었다. 세율은 왕의 노예(포르투갈 국왕이 임명한 대리인 명의의 노예)의 경우 부여된 가격의 20퍼센트, 그 밖에는 25퍼센트였다.

창고계는 노예의 감독 외에 음식의 배급, 병의 치료, 도망이나 반란의 방지, 매각에도 관여하였다. 왕가에 소유권이 있는 노예는 그 숫자가 정해져 있었지만 시기에 따라 변동이 있었다. 인도와 미나 상무원의 규칙에는 상무원 외에 금고계나 각 서기관도 매년 노예 한 사람을 둘 권리가 주어졌다.[3]

노예의 판매는 창고계를 통하거나 민간 노예상과의 계약을 통해서 이루어졌다. 그 거래에는 판매자와 구매자 사이의 중매인 역할도 중요했다. 중매인에는 두 종류가 있었는데 하나는 '왕이 명명한 국왕의 중매인', 또 하나는 '리스본시가 명명한 시의회의 중매인'이었다. 1578년 이래 노예를 취급하는 중매인과 구별하기 위해 향신료, 귀금속, 직물과 사치품을 취급하는 중매인은 '트라타도르(tratador)'라고 불리었다.[4]

노예의 콘프라리아

이 시기 리스본 주재 노예를 사회적으로 조직화하는 데 중심적 역할을 담당한 것은 '로사리오의 성모 콘프라리아'였다. 이 콘프라리아(confraria, 신도가 결속한 신앙유지나 사회활동에 종사하는 신심

Une vente d'esclaves, à Rio-de-Janeiro.

〈그림 21〉 18세기의 리우 데 자네이루의 노예시장. 에두아르 리우(Edouard Riou)의 삽화. François-Auguste Biard, Le Tour du Monde, 1861

회)는 1460년에는 존재했던 것이 사료에서 확인되고 에티오피아에서부터 포르투갈에 연행되어 온 가톨릭 세례를 받은 노예들이 초기 구성원이었다. 이 콘프라리아는 리스본의 도미니코회 수도원(성 도미니코 교회) 내에서 관리되었다.[5]

1496년에 국왕 돈 마누엘 1세가 정식으로 이 콘프라리아를 승인함으로써 왕가의 보증을 받았다. 16세기에는 마누엘 왕의 아들 돈 주앙 3세가 1518년과 1529년에 이 콘프라리아의 특권을 승인했다.

당초 이 콘프라리아는 남녀노소, 부자와 가난한 자, 자유민과 노예, 성직자에서 대중에 이르기까지 다양한 사람을 포용하였다. 흑인, 백인, 노예, 자유민이 공존했던 이 콘프라리아의 개방성과 다양성은 후에 여러 문제를 야기하게 되었다. 즉, '로사리오의 성모 콘프라리아'는 분열되어 인종별 복수의 콘프라리아와 형제회(이루만다데)로 나누어지고 말았다.

그 가운데 하나가 **'흑인을 위한**(강조는 원저자) 로사리오의 성모 콘프라리아'이다. 이 콘프라리아에는 여러 가지 규약이 있었는데 가장 유명한 것은 1565년의 것이다. 이 문서에는 그들이 형제회의 성격이 강하며 정식 회원은 흑인 남성, 그중에서도 자유민으로 한정했던 것으로 알려진다. 협회의 운영 담당에는 흑인 남성 회원만 취임할 수 있었다. 중동 출신자, 혼혈아, 인도인(아시아인 전반을 가리킴), 그리고 노예는 정식 회원이 될 수 없어 준회원에 머물렀다. 이 조직에는 인종차별과 성차별도 용인되었다. 이 콘

〈그림 22〉16세기 말의 리스본, 알함마 지구. 여러 명의 흑인 노예가 부지런히 움직이며 일하고 있다. 제작 연대 1570-1580. 작자 미상

프라리아의 규칙에서는 유럽에 있는 타민족, 유색인종 사이에서도 계층사회가 존재했고 아시아인은 아프리카인 하위에 놓였던 것이 확인된다. 준회원은 임원이 될 수 없었을 뿐만 아니라, 모든 일에 관해 결정권을 가질 수 없는 것으로 규정돼 있었다.[6] 인도인(아시아인)이라는 범주는 콘프라리아에서 중동 출신자나 혼혈아보다 더 하층에 위치해 있었다.

'흑인을 위한 로사리오의 성모 콘프라리아' 회원에게는 다음이 허락되었다. ① 선내에서 큰 초를 들고 다니는 것. ② 미사 중에 봉헌을 청하는 것. ③ 거리에서 모금활동을 조직적으로 전개하는 것. ④ 공정가격으로 맞바꾼 노예를 해방하는 것.

포르투갈인 이외의 인종, 특히 노예들이 참가를 허락받은 콘프라리아는 '인디오(아시아인)를 위한 성 토마스 콘프라리아'가 있었다. 그 본부는 리스본의 산토메 교회에 있었다. 이 콘프라리아의 존재나 특권 등에 대해서는 국왕 펠리페 2세의 법령집에 나와 있다. 거기에는 이 콘프라리아가 모금활동을 허락받은 지역, 기간, 활동에 종사할 수 있는 사람들의 일 등이 기재돼 있었다.[7] 이 콘프라리아의 조직적인 세부사항을 확인하는 것은 불가능하지만 일본인도 아마 참가하고 있었을 것이다. 노예들 또한 가톨릭 교회 조직의 일부인 콘프라리아에 참가하는 것으로 일정한 사회보장을 얻어 그 생활을 지킬 수 있는 이점이 있었다.

리스본에 거주한 일본인

유럽에 최초로 정착한 것으로 알려진 일본인은 가고시마에서 하비에르에게 세례를 받은 후 그의 행보에 동행한 베르나르도라는 청년이다. 베르나르도는 고아를 경유하여 1553년에 리스본에 도착했고 1557년에 사망했다. 그 사이 로마에서 예수회 총장 이냐시오 로욜라와 교황 바오로 4세를 알현하였다. 베르나르도의 사후 1584년 8월에 덴쇼 소년사절이 리스본에 도착하기까지 약 30년간의 공백이 있는데, 그 사이에도 일본인은 리스본을 오가며 생활을 영위하였다.

1578년부터 5년간 리스본항에 머무른 피렌체인 필립보 사세티(1540~1588)가 1579년 10월 10일 피렌체에 있는 바시오 발로리에게 보내는 서한에는 흥미로운 기록이 보인다.

> (리스본에는) 다른 먼 곳으로부터 일본인이 오곤 한다. 그들은 올리브 빛 피부색을 지니고 있으며 이곳에서 어떤 일(수공업)도 잘 이해하여 능숙하게 하고 있다. 얼굴은 작고 신장은 평균이다. 중국인은 매우 머리가 명석한 사람들인데 그들 또한 어떠한 일도 해낸다. 특히 요리 솜씨가 훌륭하다.[8]

즉, 1570년대 후반에는 어느 정도 정리된 집단적인 관찰이 가능할 정도로 리스본에 일본인이나 중국인이 거주하고 있었다고 생각된다. 동시에 이 서한에는 1570년 9월 20일 이후 포르투갈 국왕의 명령에 의해 일본인 노예화가 금지되어 있었는데도 불구하고,[9] 일본인 노예는 매년 포르투갈에 도착하고 있었다는 것도 확인된다.

1581년 다섯 척의 선단이 리스본을 출항했다. 네 척은 인도로 향하고, 한 척은 말라카를 목적지로 하였다. 그중 한 척에는 예수회 선교사 마르코 안토니오 포르카리가 승선해 있었는데 그는 코친에 도착한 후 1581년 11월 예수회 총장 아콰비바에게 그 항해의 상세를 보고하는 서한을 보냈다. 서한에서 병을 앓는 선원들과 예수회 선교사들이 선상에서 치료하는 모습을 생생하게 묘사했는데 포르투갈에서 인도로 항해하는 도중에 죽은 이가 포르투갈인 7명, 중국인 2명, 일본인 1명에 달한다는 기록이었다.[10] 이 정체불명의 일본인이 1581년에 아시아를 향하여 리스본을 출항했다는 것은 더 이른 시기에 일본에서 동남아시아나 인도를 거쳐 유럽에 도착했다는 뜻일 것이다. 그리고 그는 승선하여 다시 아시아를 목적지로 한 여정 도중에 병사했던 것이다.

기록으로 확인되는 가장 빠른 연대의 리스본 거주 일본인 이름은 쟈신타 데 사라는 이름의 여성이다. 리스본 중심부 대성당에 가까이 있던 콘세이상 지구에 살았고 처음에는 노예였다가 후에 자유민이 되었다. 그녀가 해방된 이유가 일본인을 노예로 삼는 것이 금지된 1570년의 세바스티앙 법과 관계가 있는지는 확실하지 않다.

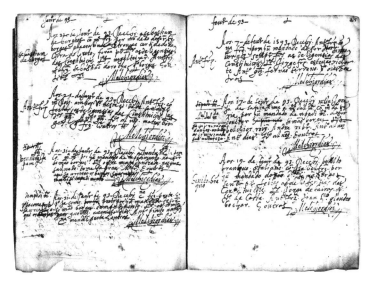

〈그림 23〉 일본인의 혼인기록 (포르투갈 국립공문서관 소장)
〈그림 24〉 17세기 리스본의 중심부 호시우 광장

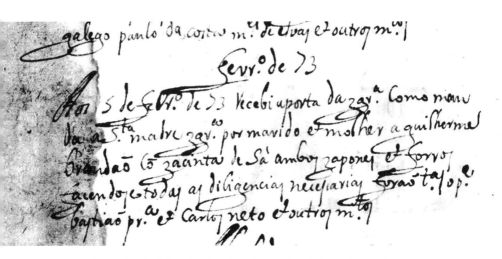

〈그림 25〉 일본인 기레르메 브란돈과 쟈신타 데 사의 혼인기록 (포르투갈 국립공
문서관 소장)

기록에 따르면 1573년 2월 5일 쟈신타 데 사는 콘세이상 교회
(Igreja de Nossa Senhora de Conceiçao Velha)에서 일본인 해방노예 기
레르메 브란돈과 결혼했다. 결혼식 증인은 사제 세바스티앙 페
레이라와 카를로스 네토였다. 참석자가 다수 있었다고 기록돼
있는데 자세히는 나와 있지 않다.[11] 이 부부의 자식들의 생몰과
세례에 관한 기록은 같은 교회 기록에서 찾아볼 수 없었다. 그들
이 그 후 거주지를 옮겼기 때문에 같은 교회 기록에 기재된 것이
없는 것일지도 모른다. 또한 1580년 1월 27일에 리스본에 대지
진이 일어나 특히 시가지 중심부는 괴멸적인 상황이 되었던 것도
기록이 남아 있지 않은 이유일지 모른다.[12]

가톨릭 신자의 결혼은 교회에 공식 기록으로 관리되기 때문에 비교적 기록에 남기가 쉽다. 그렇지만 재해나 교회 그 자체의 파괴 등에 의해 오래된 기록은 남는 경우가 많지 않기에 쟈신타와 기레르메의 기록이 남은 것은 매우 행운이 따른 것이었다. 리스본의 교회 기록에는 그 밖에도 16세기 일본인의 결혼에 관한 기록이 있다.

1580년대 초, 리스본 시내에 누노 카르도조라는 이름의 일본인 노예가 살고 있었다. 1586년 6월 10일 해방 신분이 된 누노는 리스본 중심부의 시아드 지구에 있는 롤레토 교회에서 포르투갈인 펠리페 로드리게스 소유의 여성 노예 콘스탄티나 디아스와 결혼했다. 결혼 서류에는 아홉 명의 결혼 증인 이름이 있는데 사제 디오고 페르난데스 이외의 인물에 대해서는 다른 정보가 없다.[13] 누노의 직업도 알 수 없다.

자유민이 노예와 결혼하는 것은 일반적으로 용인되는 일이 아니었다. 당연히 노예의 결혼에는 주인의 승인이 필요했는데 통상 그 허가는 쉽지 않았다. 자유민과 결혼하는 노예에게는 여러 가지 권리가 부여되었다. 일례로 주인은 노예를 마음대로 팔아치우는 것이 허락되지 않았다. 즉 노예의 매각에 조건이 붙었으며 교회에서 합법으로 인정된 결혼을 방해할 만한 전매는 금지되어 있었다.

혼인기록으로 본 노예사회

16세기 말 리스본 페나 교회의 기록에는 일본인의 혼인에 관한 두 건의 흥미로운 사례가 있다.[14] 첫 번째는, 1593년 1월 31일 자 신랑 벤투라 쟈판과 신부 마리아 마누엘의 결혼이고,[15] 다른 하나는 1595년 1월 18일 자 일본인 곤살로 페르난데스와 포르투갈인 카타리나 루이스의 결혼이다.[16] 그 혼인의 확인 서류는 같은 해 1월 25일부로 되어 있다.

결혼 신고에는 그들의 속성, 즉 직업이라든지 거주지 등이 기재돼 있지 않다. 이 두 건의 결혼은 사제 메르시올 디아스가 집행했고 결혼 증인의 이름이 상세히 기재돼 있다. 이 기록을 통해 벤투라와 곤살로라는 두 일본인 남성의 사회 환경을 어느 정도 재현할 수 있다.

그들의 결혼 증인은 노예, 해방노예 그리고 어떤 자유민으로 구성돼 있었다. 일본인 벤투라와 곤살로에게는 공통의 친구 대표로 포르투갈인 토메 데 아브레우와 마리아 프란치스코가 있었다. 이 두 사람이 결혼 증인이다. 일본인 벤투라의 아내에게는 친구, 친족 등의 기재가 없는 데 반해 일본인 곤살로의 아내인 포르투갈인 카타리나 루이스에 관해서는 친족 도밍고 루이스와 그 아내가 기재돼 있다. 이 부부에 대한 부가정보가 없는 점을 볼 때 아마도 페나 교회의 관할 지구 거주인이 아니라 리스본의 다른 지구나 포르투갈의 다른 지역에서 결혼식에 참석하기 위해 왔던

대항해시대의 일본인 노예

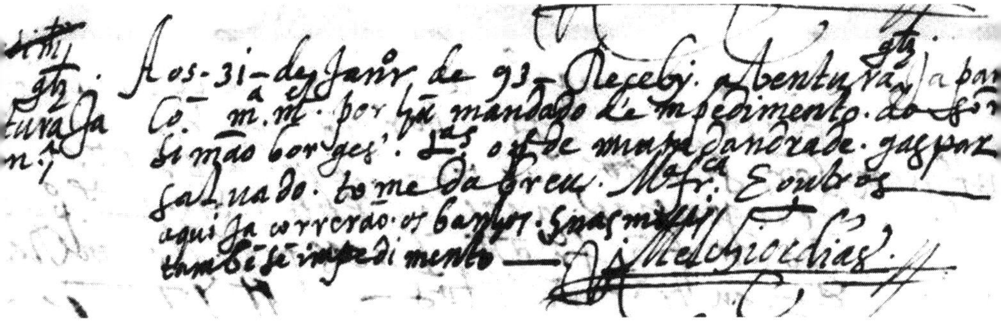

〈그림 26〉 일본인 벤투라 쟈판의 혼인기록. 포르투갈 국립공문서관 소장

것으로 생각된다.

또한 곤살로 결혼의 다른 증인 주앙 페르난데스에 관해서도 의문이 생긴다. 이 인물은 그 이름으로 추측건대 곤살로의 전 주인이었다고 생각된다. 그는 또한 아프리카인 해방노예 프란치스코 오멘과 마리아의 결혼(1593년 11월 23일 자) 증인이기도 했고, 거기에 하인인 페드로 페르난데스를 동석하였다. 이 성은 일본인 곤살로의 다른 친구 자바인 안토니오 페르난데스와도 동일하다. 아마도 곤살로, 페드로, 안토니오는 포르투갈인 주앙 페르난데스를 위해 일하면서 그 성을 공유했던 것으로 보인다.

자바인 남성 안토니오 페르난데스의 경우는 아프리카인 여성 로렌사 다 실바와의 혼인기록(1594년 5월 8일 자)이 있다. 그 또한 일본인 곤살로의 결혼 증인이었고, 아울러 인도인 남성 가스팔 토스카노와 아프리카인 여성인 과부 줄리아나 카나리아의 결혼 증인이기도 했다(1594년 5월 8일 자).

일본인 곤살로의 혼인에 있어서 추가 증인은 조단 피레스인데 그는 인도인 남성 주앙 고메스와 포르투갈인 여성 쥬스타 로드리게스의 혼인(1595년 8월 27일 자)의 증인이기도 했다. 일본인 곤살로 페르난데스 자신도 아프라카인 남성 노예이자 홀아비였던 마누엘 카네이로와 아프리카인 자유민으로 과부였던 마르케자 데 아타이데와의 결혼에서 증인 대표를 맡았다(1597년 10월 5일 자). 이 혼인 기록에는 그 외의 증인으로 아프리카인 주앙 로페스, 당나귀를 사육하던 파울로 안드레, 신부 죠제 페르디강의 하인 주앙이 있었다.

이들 혼인 기록에는 신부 아센소 디아스의 이름이 종종 보이는데 그는 노예와 노예 출신자의 결혼에 대해 수차례 증인을 맡았다. 이미 열거한 예 외에 남성 노예 페드로와 여성 노예 마르가리다(1593년 12월 12일 자), 흑인남성 바스티앙과 흑인 여성 노예 브리티스(1595년 11월 18일 자), 아프리카인 노예 로렌소 케이로스와 안나 페르난데스(1600년 5월 24일 자)의 결혼 등도 있었다.[17]

1593년부터 1597년까지 페나 교회의 혼인 기록을 통해 리스본의 노예사회의 일단을 엿볼 수 있다. 아마도 일본인 곤살로 페르난데스는 그 지역에 거주하는 아시아인이나 아프리카인 노예, 해방노예 공동체의 일원이었을 것으로 추측된다. 또한 포르투갈인 여성 카타리나 루이스와의 혼인과 친구 토메 데 아브레우와의 관계를 통해 그가 백인 포르투갈인 사회와도 연결돼 있는 존재였음을 알 수 있다. 곤살로 페르난데스에 비해 또 한 사람의 일본인 벤투라에 대해서는 거의 정보가 없다. 그가 돌연 이 교구의 기록에서 자취를 감춘 것은 후에 자녀의 출생이나 사망에 관한 기록도 없는 것으로 보아 다른 지역으로 옮겨갔기 때문일 가능성이 높다.

1597년을 끝으로 이 노예·해방노예 집단에 관한 기록이 나타나지 않는다. 같은 시기에 리스본 전체의 인구 동태에 영향을 준 사건이 일어나는 것과도 무관하지 않을 것으로 생각된다. 그것은 1598년 10월 리스본 시내에 처음으로 사망자가 나온 이래 시체가 겹겹이 쌓여 갔던 흑사병의 유행이다. 그것이 수습된 것은 1602년 2월의 일이었다.[18] 감염을 피하기 위해 많은 사람들이 리스본을 떠나 주변 지역으로 이동했다. 페나 교구에 살고 있었던 시민 다수도 병에 걸려 사망했거나 혹은 다른 지역으로 이동했을 가능성이 충분히 있다. 16세기 말 리스본에는 너무 많은 희생자가 나와서 남겨진 시신은 땅을 파서 만든 굴속에 단체로 매장되었다. 이 시기 교회 기록에 사망 기록이 적은 것도 실제 사망자의 수가 적었기 때문이 아니라 반대로 교회가 일일이 사망을 확인하는 대응을 해내지 못할 정도의 참상이었기 때문으로 생각된다.

일본인 노예의 직업, 가사·수공업

앞서 본 바와 같이 적어도 1570년대 이후에는 일본인이 적잖게 리스본에 거주하고 있었다. 1590년 3월 23일 자 기록에 따르면 인도 부왕 마티아스 데 알부케르케(재위 1591~1597)의 부인 도나 필리파는 남편의 위임장을 근거로 일본인 노예 디오고의 해방을 결정하여 법적 수속에 들어갔다. 그 공문서에는 디오고가 '흰 피부색의 일본인'이었다는 신체적 특징이 명시돼 있다.[19] 디오고는 알부케르케가의 가사노예였던 것으로 추정된다. 디오고가 리스본에서 해방된 배경은 일본인 노예화를 금지한 세바스티앙 법의 재시행과 관계된 것이다.[20]

1590년 4월 자 예수회 총장 아콰비바의 서한에서는 당시 포르투갈에 도착한 일본인 노예 가운데 유럽 상륙 후 곧바로 해방된 이들도 있었음이 확인된다. 포르투갈 본국에서는 일본인 노예 매매의 위법성이 널리 알려져 있었고 소유자는 처벌을 두려워하였다.[21]

마찬가지의 사례가 인도 항로를 왕래하던 항해사 가스팔 곤살베스의 미망인 마르가리다 페르난데스가 1598년 9월 25일부로 일본인 노예 마누엘 페레이라를 해방하는 증서이다. 해방수속에 관한 이 서류에는 마누엘이 노예신분이 된 것은 위법했다는 것이 명기돼 있다.[22]

포르투갈에서 해방된 것으로 알려진 일본인 노예의 사례로는 리스본에서 무역업에 종사하던 아르메니아인 시만 카를로스 소유의 토메라는 일본인 남성에 관한 것이 있다. 토메는 1593년 3월 7일부로 해방되었다. 토메는 리스본항에 인접한 금융가인 루아 노바에서 '금 정련 기술자'로서 일했다. 해방의 이유로 그가 장년에 이르기까지 성실하게 일했다는 점이 거론되었다. 해방증서에는 "토메는 수년간 주인 아래에서 성실하게 일했다. 성실한 노동자에게는 응당 적절한 보상이 주어져야 한다"라고 기록돼 있다.[23]

노예신분인 것이 위법으로 인식되어 해방되는 경우도 있지만 그와 달리 소유자의 사후에 유언 등으로 해방되는 경우도 자주 보인다.

1596년 2월 7일 리스본항에 인접한 산토스 수도원의 수녀 도나 필리파 데 겔라는 유언장에서 자신의 사후에 30세 일본인 여성 노예 마리아 페레이라를 해방한다는 글을 남겼다. 여성 노예 마리아는 이 시점에 이미 20년 이상 수녀를 위해 일했다고 돼 있다. 즉 적어도 마리아는 1570년대 초 어린아이일 적에 포르투갈에 끌려왔던 것으로 생각된다.[24]

'해방(alforria/libertação)'은 실제 많은 경우 귀찮은 일을 털어 버리는 것이기도 했다. 노예가 나이를 먹어 일하지 못하게 되면 불필요하고 귀찮은 존재가 되어 버리고 이를 싫어하는 주인은 그들 노예를 '해방'시켰다. 안타깝지만 이러한 노예의 앞날은 부랑자나 거지가 되는 것이었다. 운이 좋으면 양로원이나 구빈원의 신세를 지는 것도 가능했다. 30세에 해방된 마리아는 그 후 결혼했고 다른 일을 찾는 것도 가능했을 테지만 그 소유자였던 수녀가 마리아에게 특별히 유산을 남기지는 않은 것으로 생각되므로 마리아가 리스본에서 살아가기란 그리 쉽지는 않았을 것이다.

국경 마을 세르파

16세기의 리스본은 유럽에서 으뜸가는 도회지로 여러 나라로부터 온 산물과 민족으로 넘쳐났던 국제적인 도시였다. 그렇기에 그곳에 일본인이 멀리 바다를 건너와서 살았다고 해서 놀라운 일도, 믿기 어려운 일도 아닐 것이다. 그렇지만 현재에도 일본인이 한 명도 살지 않고 보통은 여행으로도 방문하지 않는 시골 마을에 16세기 말 일본인이 살고 있었다고 한다면 그들의 기구한 운명에 관심을 두지 않을 수가 없다.

1604년 일찍이 일본-마카오 간 항로의 카피탄 모르를 맡았던 경험이 있었고 스페인과 포르투갈의 국경 근처 세르파 마을의 영주였던 롯케 데 메로 페레이라가 사망하였다. 서장에서 페레스 일가를 추적해 나가사키까지 갔다 왔던 인물이다. 그의 유언으로 재산이 상속인들에게 부여되었는데 그 양도 명단 가운데 일곱 명의 일본인 노예가 포함돼 있다. 그중 다섯 명은 여성, 나머지 두 명은 남성이었다.[25] 여성들의 이름은 우르슬라, 엘레나, 세

실리아, 이사벨, 루크레시아이고, 남성의 이름은 마티아스와 루이스이다. 그 밖에 또 한 사람, 인도 쪽에서 도망온 것으로 되어 있는 안토니오라는 이름의 남성 일본인 노예가 같은 문서에 기록돼 있다.

이 일곱 명의 일본인 노예 평가액은 총 31만 레이스로 되어 있다. 이 금액을 1인당으로 단순 계산하면 44,285레이스가 된다. 이를 당시 포르투갈 국내에 유통되던 통화 토스탄으로 환산하면 약 443토스탄이다.

루이스 프로이스의 『일본사』에 의하면,[26] 1588년 사쓰마의 시마즈군과 분고의 오토모군의 전투 때 다수의 분고 사람들이 포로로 생포되었다고 한다. 이들은 히고지방에서 다시 다카히사로 팔려갔고 시마바라나 미에에서는 분고에서 온 40명의 여자, 어린아이들이 한꺼번에 팔렸다.[27] 그들의 판매가는 1인당 '2, 3 토스탄'이었다고 한다. 일역본에서는 '2束3文'으로 번역되었는데, 토스탄(tostões)은 당시 포르투갈에서 사용된 은화 단위로, 프로이스가 구체적인 가격을 기록하고 있다고 이해할 수 있다.[28]

즉, 일본에서 매매된 노예의 원가가 3토스탄이었다고 생각한다면, 포르투갈에서 그들에게 지급했던 400토스탄 이상의 가치라는 것은 대략 원가의 100배 이상이라고 생각할 수 있다. 페레이라의 노예들은 페레이라 자신이 일본으로부터 데리고 돌아왔을 가능성이 높아 보이므로 전매에 전매를 거듭한 결과

는 아니었지만 통상 노예는 여러 차례 전매를 거듭하면서 이동
해 갔으므로 먼 곳으로 가면 갈수록 부가가치가 더해졌을 것
이다.

2. 스페인

게이초 견구사절의 사람들

스페인, 특히 16세기 해외교역 도시였던 안달루시아의 세비야 거주 '시노/시나(중국인)'에 대한 연구로 후안 힐의 것이 있다. 전술하였듯이 이 시대 스페인어로 '시노/시나'로 불린 것은 반드시 중국인에 한정되지 않았고 황인종 전반을 일컫는 것이었기 때문에 그중에는 일본인도 포함돼 있었다고 생각하는 것이 온당할 것이다. 1570년대 전반 리스본에는 일본인이 적지 않게 거주하고 있었던 것이 확인되는데 16세기 스페인에 있던 일본인에 관한 명확한 기록을 찾기에는 다소 어려움이 있다. 그 때문에 이미 잘 알려져 있는 사실이기는 하지만 세비야 근교 코리아 델 리오에 있었던 일본인 자손으로 전해지는 '하폰' 성씨를 가진 사람들에 관한 기록을 참고하고자 한다.

제2장 멕시코에 관한 부분에서 밝힌 바와 같이 하세쿠라 로쿠에몬이 이끈 게이초 사절단의 항해에서 다수의 일본인이 태평양을 건넜는데 그중에는 도중에 머무르는 항구에 남아 거기에서 생애를 마치는 이들도 있었다. 하세쿠라의 사절단 가운데 대부분은 유럽에 도항하지 않고 멕시코에 머무르다가 이듬해에는 일본으로 돌아갔다. 하세쿠라와 함께 유럽까지 간 일본인은 30명 정도였던 것으로 알려져 있다.

멕시코를 거쳐 1615년에 스페인에 도착한 하세쿠라 일행은 그해 11월 로마를 방문하여 교황 바오로 5세를 알현했는데 하세쿠라는 로마의 명예시민이 되어 로마 원로원 회원 칭호를 수여받았다. 그 후 일행은 세비야로 넘어가 교외의 코리아 델 리오 근처에 있는 로레트의 성모 수도원에 머물렀다. 체재 기간 중 수행한 이들 가운데 몇 명은 그대로 잔류하기로 마음먹었다고 알려져 있다.[29] 그 가운데 신분이 가장 높았던 이로 돈 토마스 펠리페라고 하는 무사가 있었다.

돈 토마스 다키노 가피오에

돈 토마스는 하세쿠라 사절에서도 높은 신분의 인물이었다고 한다. 하세쿠라와 함께 로마로 넘어간 인물 명단에는 '돈 토마스 다키노 가피오에'라는 인물이 있는데 돈 토마스 펠리페가 바로

'다키노 가피오에'였던 것으로 확인된다. 이 인물은 야마시로 출신인 다키노 가베라고 알려졌는데 동행하던 이타미 소미(세쓰 출신 돈 페드로), 노마 한베(오와리 출신 돈 프란치스코)와 항상 행동을 같이했다.[30]

　이 인물에 관해 유럽어로 기록된 최초의 기록은 돈 토마스가 아카풀코로 가는 길에 누에바에스파냐의 부왕 디에고 페르난데스 데 코르도바(재위 1612~1621)를 알현했을 때에 관한 것이다. 부왕 정도 위상의 귀족을 알현할 때에는 통상 칼을 차는 것이 허락되지 않았지만 돈 토마스에게는 허락되었다는 것과 그가 순교자의 자손이라는 정보가 더해져 있다.[31] 돈 토마스가 세비야에 도착할 무렵의 스페인 사료에도 같은 기록이 있다.

　　세비야에 오슈(奧州)의 왕 다테 마사무네가 보낸 대사 하세쿠라 도쿠에몬(마마)이 도착했다. 그는 호위대장을 필두로 칼을 찬 30명의 일본인 가신을 대동하였는데 그중 열두 명은 활, 창, 단검 등을 들고 있었다. 호위대장은 그리스도교도인 돈 토마스라고 불리었으며 일본인 순교자 자손이었다.[32]

　이탈리아 사료에서는 이때 돈 토마스가 휴대하고 있던 검과 단검은 누에바에스파냐의 부왕이 그에게 하사한 것이었다고 한다.[33] 하세쿠라 일행 중에서도 돈 토마스는 특별한 손님 대우를 받았는데 '순교자의 자손'이라는 특징이 중요하게 여겨졌기 때문으로 추측해 볼 수 있다. 교토 출신으로 알려진 돈 토마스는 일본 26성인 순교자(1597년(게이초 원년) 히데요시의 명령으로 나가사키부터 교토, 오사카 지역에서 활동 중이던 프란치스코회 수사와 관련 일본인 신자 등이 처형되었다.) 가운데 누군가와 혈연관계였을지도 모른다.

세비야에 도착한 사절단 일행은 스페인 왕족과 귀족들에게만 입장이 허락된 알카사르 궁전에서 영접을 받았다. 이 일은 전 시민의 관심 대상이었는데 세비야의 대주교는 '동방박사가 왔다'고 칭송하였다.[34]

1615년 2월에는 하세쿠라 자신이 마드리드의 펠리페 3세 궁정에서 세례식을 치르면서 그리스도교인이 되었다(세례명은 돈 펠리페 프란치스코). 그해, 돈 토마스(다키노 가피오에)와 돈 프란치스코(노마 한베)는 프란치스코회 수도사가 됨으로써 그리스도에게 생애를 바칠 결의를 하였다.[35]

돈 토마스 돈 페드로, 돈 프란치스코는 이보다 더 중요한 다른 삶은 없다고 말하며 그 가르침에 따라 속세의 일을 버리기로 결의하였다. (중략) 성직자가 되기로 결의하며 성인(성프란치스코)의 수도복을 착용하였다. 돈 토마스와 돈 프란치스코는 탁발하고 무기를 버리고 일본인 성직자의 의복을 입었으며 주 하느님을 섬기는 몸이 되었다.[36]

돈 토마스의 이후 행적

프란치스코회 수사가 되었을 돈 토마스는 결국 수도 생활을 포기하고 속인으로 돌아갔는데 그 후 에스트레마두라 지방 사프라에 사는 디에고 하라미료라는 이름의 스페인인을 섬기게 되었다. 그러나 그는 노예와 같은 대우를 받았고 심지어 몸에 낙인까지 찍혔다. 일본인의 노예화는 스페인 국왕에 의해 금지돼 있었음을 생각하면 이는 대단히 기이한 상황이다. 그리고 1622년 7월 4일 돈 토마스 펠리페는 '일본의 무사(cavallero Japon)'로서 소송을 제기했다.

폐하

돈 토마스 펠리페는 일본의 대사와 함께 이곳 궁정을 방문하여 그리스도교로 개종한 일본인 무사입니다. 하느님의 은혜로 폐하의 부군이신 당시의 국왕 폐하(펠리페 3세)께서는, 그에게 직접 성수 그릇에서 (성수를) 부어 주셨으며 폐하의 누이이셨던 프랑스 왕비님(안누 도트리스)께서는 성유를 발라 주셨습니다. 사프라에 사는 디에고 하라미료라는 자가 자신을 섬긴다는 이유로 노예가 아니라 급여를 받는 자유인이었던 그에게 노예 낙인을 찍고 말았습니다. 그리하여 이 부정행위에 대해 엄정한 재판을 내려 주십사 폐하께 (청원하는 데에) 이르게 되었습니다. 부디 그에게 자유를 주시어 일본으로의 귀국을 허가해 주십시오. 왜냐하면 그는 자유민이고 그리스도교도이기 때문입니다. 부디 그가 큰 은혜와 자비를 입어 그에게 귀국 허가를 내려 주십시오.

루이스 데 콘트레라스, 1622년 9월 26일, 인디아스 추기경 회의[37]

세비야의 인디아스 추기경 회의에서 돈 토마스의 탄원은 마드리드 궁정으로 보내졌고 돈 토마스 펠리페에게는 일본으로의 귀국 허가가 내려졌다. 1623년 6월 7일 자 누에바에스파냐로 도항하는 항해 승조원 명부에 '돈 토마스 펠리페 하폰'의 이름이 확인된다.[38] 또한 1623년 6월 12일 그는 다시 누에바에스파냐에서 필리핀으로 도항 허가를 요청했다. 아마 필리핀에서 일본으로 건너갈 계획이었을 것이다.[39] 연대로 말하자면 1624년에는 에도막부가 마닐라와의 통교를 단절하고 있었기 때문에 일본까지 다다랐을 가능성은 희박하다고 생각되지만 그래도 멕시코 혹은 마닐라까지는 건너갈 수 있었지 않았을까 싶다.

코리아 델 리오의 일본인

돈 토마스와 돈 프란치스코 외에도 여러 명의 일본인이 멕시코로 건너가지 않고 코리아 델 리오에 남기로 했다고 알려져 있다. 코리아 델 리오가 그들을 유럽까지 인도했던 프란치스코회 수도사 루이스 소테로의 고향이었기 때문에 이곳에 남기로 한 일본

인을 받아들일 사회적 요인이 갖추어져 있었는지도 모르겠다.[40]

현재 코리아 델 리오를 중심으로 존재하는 하폰(일본) 성을 가진 사람들의 선조가 하세쿠라 사절의 일본인이었을 가능성이 매우 높다고 여겨지고 있다.[41] 다만 그 자손 스스로가 자신의 선조를 구전으로 기억하고 있다든지 그것이 사료를 통해 증명 가능하다든지 하는 이야기는 아니다. 그들 자신도 일본인의 자손이었을지도 모른다는 사실을 전혀 의식하지 않고 있다.

1989년 당시의 세비야 시장 마누엘 델 바레 아레발로가 센다이 시정 100주년 기념을 축하하기 위해 일본을 방문했을 때 코리아 델 리오에는 '하폰'이라는 성의 사람들이 있다는 것을 밝혔다.[42] 하지만 그들의 선조가 일본인이라는 것을 증명할 수 있는 기록은 남아 있지 않다. 1604년부터 1665년의 에스트레야 데 코리아 교회의 기록이 소실되었기 때문이다. 코리아 델 리오 지역의 교회 기록에 최초로 '하폰' 성의 사람이 등장하는 것은 1667년이다. 그해 후안 마르틴 하폰과 막달레나 데 카스트로 사이에서 태어난 카타리나라는 여자아이가 세례를 받은 기록이 있다. 1673년 10월 11일 자 안드레 하폰과 레오니나 게베트 부부의 자식 미겔 하폰의 세례 기록도 있다.[43] 16세기 교회 기록에 '하폰' 성의 사람이 나타나지 않다가 17세기 중엽의 교회 기록에 등장한다는 사실은 이 일족이 코리아 델 리오에 살기 시작한 것이 17세기 전반의 일이었음을 시사하는 것은 아니었을까.

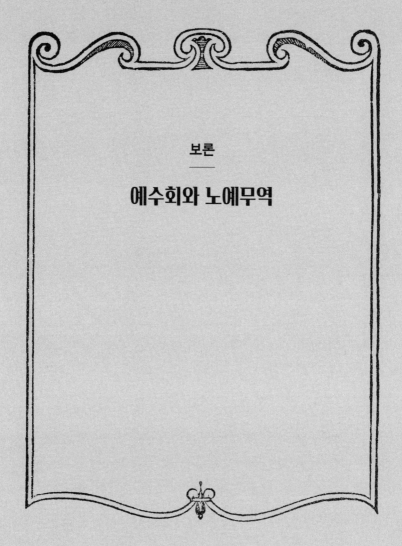

보론

———

예수회와 노예무역

1. 나가사키의 노예 시장

　나가사키가 포르투갈 선박의 개항지가 된 1570년 이전에도 사쓰마(薩摩)의 보즈(坊津)나 마쓰우라(松浦)의 히라도(平戸) 등에서 노예(왜구에 의해 납치돼 온 중국인이 많았다)가 거래되었음을 확인할 수 있다. 그러나 나가사키 개항 이전까지는 포르투갈 선박이 규슈의 어느 항구로 들어올지 알 수 없었기 때문에 시장은 불안정했다. 예수회원의 주선으로 오무라 스미타다(大村純忠)와 마카오 상인들이 맺은 계약에 따라 1571년 이후 마카오에서 내려온 정항선(定航船)들은 대체로 나가사키에 입항하기로 결정되었다. 이에 따라 일본인 상인들도 어디에 가면 교역품 장사를 할 수 있는지 알 수 있게 됐다. 이는 일본에서 '사람'을 거래하는 자들에게도 절호의 기회였다.

　유명한 히데요시의 바테렌 추방령(1587년)은 포르투갈인들이 '대당, 남만, 고려'에 일본인을 노예로 끌고 간 것에 대해 문제를 삼고 있다. 왜 포르투갈인이 일본에서 자행한 비인도적인 행위가 '바테렌(예수회 선교사)' 추방의 근거가 되는 것일까. 그것은 이 문제에 예수회가 깊이 관여하고 있었기 때문일 것이다.

『일포사전(日葡辭書)』의 어휘: 인신매매에 종사하는 사람들

1603년부터 1604년에 걸쳐 예수회가 나가사키에서 편찬한 『일포사전(日葡辭書)』에는 당시 나가사키에서 사용된 인신매매에 관한 어휘가 산발적으로 나타난다. 일본어 '히토카도이(ヒトカドイ, 人勾引, Fitocadoi)'는 포르투갈어로 '어떤 사람을 속이거나 또는 약탈해서 끌고 가는 자'라고 설명되어 있다(697쪽). 예수회 준관구장 가스팔 코엘료(1530~1590)는, 이들(일본인)이 포르투갈 상인의 요구에 응해 얼마나 가난한 자들을 속여 일본의 여러 지역에서 나가사키의 노예시장에 데려왔는지 말해준다(1957년 10월 2일 자 서한).[1] 코엘료의 설명에 따르면 이들 히토카도이들은 인신매매를 생업으로 하는 전문 조직에 소속돼 있거나 이른바 '소인(素人)'이 중간상인에게 매도하는 사례도 포함되어 있었다. 이 '소인'이란 기본적으로는 전쟁에 참가하는 사람들(일시적인 병사)로, 적지에서 생포한 사람들을 외국인에게 팔기 위해 일부러 그들을 나가사키까지 끌고 오는 것이었다. 예수회 선교사 루이스 프로이스는 심지어 가난한 부모가 자녀를 노예로 팔러 오는 경

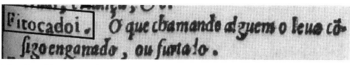
히토카도이(Fitocadoi)

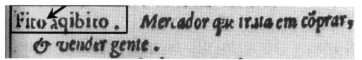
히토아키비토(Fitoaqibito)

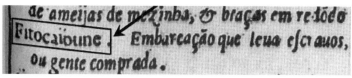
히토카이부네(Fitocaibune)

우가 있음을 목격했다. 나가사키에 와서 자신을 팔아넘기는 사람도 있었다. 이들 중에는 포르투갈인 배를 타고 마카오로 간 뒤 도망갈 생각인 사람도 있었다. 이를 감지하고 있던 포르투갈인 중에는 "마카오에 도착하면 대금을 지불하겠다."며 구두 계약을 성사시킨 뒤 곧바로 노예로 만들어 버리는 사람도 있었다.

　사람들이 노예가 될 때 처음 접촉하게 되는 것은 히토카도이들이었지만 이들은 대부분 외국인과 거래할 수단이나 통로가 없었기 때문에 매매 대상인 사람들을 '히토아키비토'에게 팔아넘겼다. 『일포사전』(697쪽)에는 '히토아키비토(Fitoaqibito)'가 포르투갈어로 '사람을 사고파는 상인'이라고 설명되어 있다. 히토아키비토는 히토카도이들이 데려오는 사람들을 정당한 이유로 노예가 된 것처럼 꾸미기 위한 수속을 밟았다. 또 『일포사전』에는 '히토카이부네(Fitocaibune)'라는 단어가 있는데 '노예 혹은 유괴한 자를 실어 나르는 배'라고 설명돼 있다.

『일포사전』은 일본에서 생활하는 외국인 예수회 선교사들이 사용할 가능성이 있는 단어들을 추려 모은 것이다. 즉, 이 말들은 선교사들의 일상 주변에 존재했던 말들이었다.

나가사키 어느 지역에 노예시장이 있었는지는 사료를 통해 알 수 없다. 노예를 수용하는 곳은 '카자(casa, 집)'라고 불렸다. 포르투갈인들이 교역한 다른 항구도시의 그림으로 미루어 볼 때 그런 시설은 아마도 항구 근처의 다른 상품들이 집적되어 있는 창고의 한편에 있었을 것이다. 나가사키 항만노동자들은 '룰로(rulo)' 혹은 '루수모리(rusumori)'라고 불렸는데 이들의 일 중에는 거룻배를 이용해 물가에서 조금 떨어진 해상에 정박하는 포르투갈 선박까지 노예들을 실어 나르는 일도 있었다.

외국인에게 '사람'을 파는 상인들은 대부분 일본인이었던 것으로 보이지만, 개중에는 이들을 사서 다른 외국인에게 되파는 외국인 중간상인도 있었다. 그들에 대한 기록도 예수회 선교사에 의한 것으로, 이러한 외국인들은 나가사키에 머무르지 않고 '사람'을 더 싼 가격에 입수할 수 있는 일본 각지를 찾아 일부러 돌아다녔다.[2] 필자가 조사한 문헌에 따르면 많은 일본인 노예의 출신지는 지쿠젠(筑前), 지쿠고(筑後), 히젠(肥前), 히고(肥後), 부젠(豊前), 분고(豊後), 히나타(日向), 오스미(大隅), 사쓰마(薩摩)였다.

노예의 합법성-정의로운 전쟁

그리스도교의 가르침을 전파하려는 예수회가 관리하는 나가사키에서 인신매매를 하려면 파는 사람이나 사는 사람이나 그 정당성을 확보할 필요가 있었다. 그를 위해 사용된 것이 '정전(正戰, iustitia belli/Guerra Justa)' 개념이다. 예수회 선교사들이 나가사키에서 인신매매가 이루어지는 것에 대한 합법성을 확보하는 데 이 개념을 사용했다는 것은 문헌의 곳곳에서 볼 수 있다. 이를 근거로 예수회 선교사들이 그리스도교로 개종한 다이묘나 장수들의 전쟁으로 생포된 사람들을 '합법적인 노예'로 간주하기로 했음을 알 수 있다.

그러나 실제로는 나가사키로 끌려와 그곳에서 매매되는 사람들이 반드시 '합법적인 노예'일 필요는 없었다. 사실상 그런 증거가 필요하지 않았기 때문이다. 1587년 가스파 코엘료는 "올해 그곳에서 거래된 노예 100명에 하나라도 합법적으로 노예가 된 사람이 없다."고 말했다(1587년 10월 2일 자 서한). 즉, 포르투갈인에게 구입이 허락된 것은 '합법적인 노예'에 한정되어 있었지만, 그에 대한 심사는 엄격하지 않았기 때문에 실제 시장에서 판매된 것은 '합법적인 노예'에 그치지 않았다. 같은 서한에서 코엘료는 매년 평균적으로 1,000명 이상의 노예가 마카오로 보내지고 있다고 밝혔다. 이것은 예수회가 파악한 숫자이며 그 외에도 더 많은 노예가 포르투갈인 선박을 통해 국외로 반출되었을 것이다.

노예 증서

히토카도이나 히토아키비토로부터 노예를 사들인 포르투갈 인들은 우선 이들을 데리고 교회로 향했다. 노예에게 세례를 받게 하기 위해서였다. 그리고 예수회 선교사는 그 자리에서 그 구입이 합법임을 나타내는 증서를 발행했다. 포르투갈인의 관습에 따르면 인신매매가 정당한 것으로 간주되기 위해서는 증서에 성직자 1명의 서명이 필요했다. 적어도 문헌에서는 나가사키의 성 바오로 교회(통칭 곶(岬)의 교회/일본 예수회 본부)에서 그것을 하고 있었음을 알 수 있다. 본서 첫머리에 소개한 일본인 소년 가스팔 페르난데스 하폰은 상인 루이 페레스에게 팔린 후 페레스와 함께 성 바오로 교회에 갔다. 거기서 성 바오로 교회 부속 고등 신학교(콜레지오)의 원장 안토니오 로페스가 소년 가스팔의 매매에 대해 그 정당성을 인정하는 서명을 했다. 그 증서에는 가스팔의 노예계약 기간이 12년간임이 명기되었다(본서 서장 참조).

가스팔뿐만 아니라 다른 일본인 소년인 데라마치 토메의 계약에서도 같은 교회에서 증서의 승인이 이루어진 것이 사료를 통해 확인된다. 토메는 어린 시절 전란 중에 유괴돼 인질로 잡혀 노예로 팔려가게 됐다. 그는 지쿠고 출신이지만 나가사키로 끌려가 그곳에 사는 한 일본인 그리스도교도에게 팔려갔고 성 바오로 교회에서 세례를 받는다.[3] 당시 성 바오로 교회 부지 내에는 별도로 성모승천 교회가 건립 중이었는데, 도요토미 히데요시의 명으로 나가사키 대관 데라사와 히로타카(寺澤廣高)가 그 교회를 헐었고 건축자재는 나고야로 보내 조선 출병에 전용된 것으로 알려졌다.

1587년, 가스팔 코엘료는 로마에 있던 예수회 총장 클라우디오 아쿠아비바에게 노예 거래의 정당성을 인정하는 예수회 선교사의 증서 부여 시스템을 고발하였다(1587년 10월 2일 자 서한).

"신부(파드레)들이 중국으로 향하는 사람들에 대해 노예 증서를 발급해 주면서 (포르투갈) 상인들은 일본인 노예 판매원과 함께 커다란 부정을 저지르고 있다. 불쌍한 노예들이 배에 실려 바다를 건너는 이 서글픈 광경을 보면서 커다란 연민과 슬픔을 느끼지 않을 수 없다."

1596년 8월 14일 나가사키에 도착한 일본 주교 페드로 마르티네스(?~1597)는 예수회가 일본인 노예의 거래에 깊이 관여하고 있는 것을 보고 바로 그 위법성을 지적했다. 그는 포르투갈인이건 일본인 그리스도교도이건 비합법 노예거래에 관련된 자에게는 파문을 선고하고 동시에 10크루자두(은 약 10냥)의 벌금을 부과할 것을 천명했다. 이 방침은 후임 주교 루이스 데 세르케이라에게도 이어졌다.

교회로부터의 파문은 그리스도교도에게는 무거운 법적 처벌이나 다름없는 불명예였지만 포르투갈 상인들은 친분이 있는 선교사에게 간청해 합법성을 인정하는 증서를 계속 요구했다. 개중에는 번거로워진 과정을 마다하고 어떤 증서도 받지 않은 채 노예를 마카오로 데려가는 사람도 나타나기 시작했다. 이러한 상인들은 마카오로 노예를 데리고 나가 그곳의 성직자들에게서 승인을 얻으려 했던 것 같다. 1598년이 되어서야 일본에서 교회 관계자가 모든 노예 거래 증서에 서명하는 것이 금지되었다.

예수회 선교사들이 서명한 노예계약 증서에는 두 종류의 계약, 즉 종신계약과 유기계약이 확인된다.

종신계약

종신계약에서 노예가 된 사람은 말 그대로 다른 사람의 영구적인 소유물이 된다. 그러나 그 구입에 소요된 가격이나 그 이상의 자금만 준비된다면 노예는 자유의 몸을 얻을 수 있었다. 전쟁에 동원된 노예나 임금 노예(노동의 대가로 받는 보수에서 소유자가 일정액을 징수하고 나머지가 노예 본인의 수입이 된다)의 경우는 비록 종신 노예라도 자신의 몸에 들어오는 수입을 축적하여 계약금을 지불할 수 있었던 사람도 있다. 용병 등 생사를 거는 일을 하거나 매춘 등에 종사하는 사람 중에는 비록 노예라도 고액의 보상(팁)을 받을 수 있는 사람도 있었다. 반면 어떤 보수도 받지 못하는 사람도 있었다. 이들은 소유자 사망시의 유언을 통해서나 혹은 노예 본인이 고령이나 병환으로 '쓸모가 다하여' 버려지는 경우를 제외하고는 해방될 기회가 없었다.

유기계약

유기계약에 따른 노동은 일본 사회에서도 흔히 볼 수 있는 관습이지만 예수회 선교사들은 가혹한 종신계약을 면제시키는 방법으로 종종 노예의 유기계약을 우선시했다. 포르투갈인들이 노예를 계약할 경우 대부분 종신 노예를 원했지만 예수회 선교사들은 계약기간을 정하는 조건으로 증서에 서명하곤 했다.

원칙적으로 유기계약의 노예들은 계약 기간이 만료되면 자유민이 될 수 있었지만, 현실에서는 그렇지 않은 경우도 많았다. 많은 일본인이 유기계약 증서를 가지고 있었지만, 소유자의 상인들은 그 법적 유효성을 무시하고 그들을 종신 노예로 다른 사람에게 되팔고는 했다. 1596년 아르헨티나에서 자신이 종신 노예가 아님을 법정에 호소했던 일본인 청년 프란치스코가 그 한 예이다.

1612년 예수회 총장으로부터 포교상 문제 해결의 전권을 위임받은 예수회 순찰사 프란치스코 파시오는 "예수회가 이미 사들인 종복(moço)은 어떻게 그들이 사로잡힌 신세가 되었는지 조사해 밝혀낼 필요가 있다."고 결정했다. 그리고 조사 결과 그 종복이 되는 과정이 잘못되었다고 판단될 경우 그 사람이 자신의 몸값을 마련할 수 있도록 준비시키고 이를 위한 복무 기간도 정하도록 했다.[4] 이 규칙은 포르투갈인이 구입한 종복에게도 적용된 것으로 알려졌다.[5]

예수회 내부의 노예

이 파시오의 기록을 보면 일본 예수회라는 조직 안에도 돈으로 구매한 노예적인 사람들이 존재했음을 알 수 있다. 그리스도교사 연구에서는 이들이 노예였음을 의식하지 못했다. 선교사의 서한에는 '종복(moço)' 또는 '하인(gente de serviço)'으로 불렸는데, 돈으로 매수되어 행동에 제한이 있는(예를 들면 결혼이나 조직으로부터 독단적인 이탈이 불가했다) 점에서는 당시 유럽인의 감각으로는 '노예'의 범주에 있었다고 봐도 무방하다. 다만 일본인의 '노예'에 대한 이미지와는 크게 동떨어진 것이기 때문에 위화감을 느끼는 사람도 있을 것이다. 일본에서 '봉공(奉公)'이라 불려온 노동형태는 (근대의 가라유키상* 등과 마찬가지로) 유럽에서는 '노예' 계약으로 볼 수 있으며, 구조적으로도 노예에 가깝다는 점을 인식할 필요가 있다.

그렇다면 이 예수회 내의 '종복', '하인(奉公人)'들은 어떤 존재

---

* 19세기 후반 해외 원정 성매매를 하던 일본인 여성들을 가리키는 말.

였을까? 일본의 예수회 선교사들이 유럽을 향해 개별적으로 발신하던 서한이 『일본 연보』라는 형식으로 매년 전체 보고로 정리해 보내지게 된 1580년경 이래 일본 각지에 있는 예수회 관련 시설의 재적 인원 등도 정리해 기술하게 되었다. 예컨대 1583년 시점에서 일본 전국의 예수회 관련 시설의 재적 인원은 약 50명이었다. 그중 유럽인 선교사와 일본인 수사(예수회 정식회원)는 총 85명, 중등 신학교(Seminario) 학생은 100명, 선교를 보조하는 일본인 동숙(선교 보조자이자 비회원)의 수는 55명이었다(1584년 1월 2일 프로이스가 작성한 『일본 연보』). 나머지는 약 250명인데 거기에는 평신도이면서 교회 내부의 일을 하는 '소인(小者)', 선교사가 없는 지역에서 신도를 돌보는 '간방(看坊)', 선교에 관련되지 않은 잡일을 행하는 '종복'들이 포함되어 있다. 이 가운데 행동의 자유가 없는 '종복'이 상당수를 차지했다고 볼 수 있다.

1589년 마카오에 있던 순찰사 알레산드로 발리냐노가 취합한 정보에 따르면 일본에 있는 예수회의 정회원, 즉 유럽인 사제는 37명, 유럽인 수사는 19명, 일본인 수사는 60명으로 모두 116명이었다. 5년 정도 사이에 일본인 수사의 수가 상당히 증가한 것을 알 수 있다. 수사, 기타 일본인의 수는 해마다 증가하여 17세기 초에는 대략 1,200명이 일본 전국의 예수회 관련 시설에서 일하고 있었다. 그중 예수회 정식회원(사제·수사)은 122명, 일본인 동숙 254명, 그 밖의 사람들이 800명을 초과하고 있었다. 역시 '기타'의 숫자가 압도적으로 많은 점이 눈에 띈다.

대규모 수도원은 다수의 하인을 거느리고 있었는데, 사제 한 명, 수도사 한 명만 있는 작은 교회에도 세 명까지는 하인을 둘 수 있다고 정해져 있었다.[6] 선교사 보조자이자 실질적인 포교자였던 동숙은 어린 시절 하인으로 교회에 맡겨진 아이가 성장하여 일을 맡게 된 경우가 많아 어린 하인이 마치 사찰의 '동자승'과 같은 존재인 경우도 많았다. 어릴 적 예수회 시설에 하인으로 맡겨졌다가 결국 사제로까지 승격한 인물로는 이요(伊予) 제로니모가 있다.[7]

예수회 내부로부터의 노예무역 비판

마카오 예수회 콜레지오의 원장을 지냈으며 포르투갈에서도 손꼽히는 인문학자로 알려져 있던 두아르테 데 산데(1531~1600)는 덴쇼 소년사절을 등장인물로 한 창작 대화 『데 산데 덴쇼견구사절기』(1590)에서 일본인 소년들에게 다음과 같은 이야기를 시켰다.

미겔: (전략) 우리도 이번 여행길마다 노예로 팔려가는 신세가 된 일본인을 직접 보게 되니 피와 언어를 나눈 동족을 마치 가축이나 짐승처럼 이렇게 싼값에 내팽개치는 무도한 우리 민족에 대한 의분으로 격렬한 분노에 휩싸이지 않을 수 없었어.

만쇼: 정말이야. 실제 우리 민족 중 그토록 다수의 남녀와 소년·소녀가 온 세상의 그토록 다양한 지역에 그렇게나 싼값에 잡혀 팔려가 비참하고 천한 일에 몸을 굽히는 것을 보고도 연민의 정을 느끼지 않는 사람이 있을까. (중략)

레오: 하지만 사람에 따라서는 포르투갈인이나 (예수)회의 신부들에게 이 죄의 책임이 모두 있다고 해. 포르투갈인은 일본인을 욕심부려 사들이고, 다른 한편으로 신부들은 이러한 매입을 자신의 권위로 그만두게 하려고도 하지 않는다고 말이야.

소년들의 유럽 여행을 기본으로 한 지식·사상의 형성을 주제로 하는 『덴쇼견구사절기』는 종종 논픽션으로 오해를 받지만 사실 인문학자 산데가 창작한 픽션이다. 산데는 마카오에서 귀국길에 있던 소년들과 함께 생활했기 때문에 소년들이 실제로 한 말도 포함됐을 가능성이 있지만 기본적으로 소년들의 대화 내용에는 산데 자신의 사상이 담겨 있다고 봐야 할 것이다.

이러한 예수회 내부로부터의 비판도 있어 나가사키에서 거래되는 일본인 노예의 수는 감소해 갔지만, 히데요시의 조선 출병을 계기로 나가사키 시장에서는 상품으로 거래되는 다른 국적 '사람'이 압도적으로 증가하는 극적인 변화가 일어나는 더 큰 전환기를 맞았다.

2. 임진왜란*

　나가사키에서 거래된 비일본인 노예 중 수적으로 가장 많았던 것은 히데요시가 벌인 전쟁으로 조선에서 생포돼 일본으로 끌려간 사람들이다. 나가사키 개항 이전 사쓰마의 여러 항구에서 거래된 사람 중에는 왜구에 의해 중국에서 연행된 사람들이 매우 많았다. 이후 후기 왜구의 쇠퇴로 외국인에게 팔려 가는 사람의 국적은 일본 국내 전란 중 포획된 일본인이 압도적인 점유율을 차지하게 된다. 그러나 국내의 천하통일에 의한 전국시대의 종언과 거의 연이어서 일어난 조선 출병으로 나가사키에는 외국인에게 팔려 가는 조선인이 넘쳐나게 되었다.[8]

---

* 저자의 본문에는 壬申倭亂으로 되어 있으나 壬辰倭亂의 오기이다.

예수회와 조선인 노예

예수회 선교사들에게 문제는 그리스도교도가 아닌 히데요시의 침략전쟁이 '정의로운 전쟁(正戰)'이 아니라는 점, 그럼에도 불구하고 히데요시의 가신 중에는 고니시 유키나가(小西行長)를 비롯한 그리스도교도 무장들이 적지 않았고 동원된 규슈의 다이묘나 무장들(심지어는 그의 가신들)에도 많은 그리스도교도들이 섞여 있다는 점이었다. 즉 이들이 조선에서 약탈한 사람들을 나가사키로 끌고 가서 '노예'로 외국인에게 팔아 치우려고 하는 행위는 예수회가 공식적으로 '노예무역 용인'의 조건으로 삼고 있는 '그리스도교도에 의한 정의로운 전쟁'의 범주에 있는지 여부가 큰 문제가 된 것이다.

당시 유럽에서는 아시아에서 활동하는 예수회 선교사들이 신학적으로 혹은 윤리적으로 중대한 위반을 하고 있지 않은지가 활발히 논의되고 있었는데, 이는 아시아에서 예수회의 눈부신 성과를 시기하는 다른 수도회 성직자들 사이에서도 마찬가지였다. 일본 예수회는 이 문제에 대해 그들 스스로 답을 내리는 것을 피하고 유럽의 저명한 신학자에게 견해를 물어 일종의 '보증'을 받고자 했다. 알칼라(Alcalá) 대학의 신학자이자 예수회원인 가브리엘 바스케스(1549~1604)는 1598년 이 문제를 신학적 견지에서 검토한 후 다음과 같은 답변을 내놓았다.[9]

【자문】 27. 정의로운 전쟁(iustitia belli) 관련 의문에 대하여. 병사들이 그 주인에게 소집되어 그들이 결과에 대한 책임을 지고 전쟁을 통해 획득한 약탈품을 가져가 소유하는 것, 그리고 생포한 자들을 합법적으로 노예로 삼는 것은 허용되는가.

【답신】 27. 이들 병사가 얻은 것을 위법이라고 생각할 수는 없다. 왜냐하면 그들은 주인에게 소집되었으며 그 전쟁 자체가 정의롭지 못하다고 할 명확한 근거가 존재하지 않기 때문이다. 그러므로 그들[예수회 신부]은 적어도 이번 일에 대해서는 눈을 감아도 좋다.

다시 말해 바스케스의 답변은, 병사들로서는 단지 주인의 명령에 따랐을 뿐 전쟁이 부정의하다는 것을 알 수 없으므로 (즉, 죄라는 인지가 없으므로) 약탈품이나 포로를 취하는 행위가 위법하다고 볼 신학적 근거가 없다는 것이었다. 이에 따라 예수회 선교사들은 나가사키에서 포르투갈인이 조선인 포로를 구입하는 것을 걱정할 필요가 없게 됐다. 그럼에도 불구하고 일본 주교 루이스 데 세르케이라(1552~1614)는 바스케스의 견해에 이의를 제기하여 히데요시의 조선 침략은 정의롭지 않으며 생포된 조선인을 노예로 삼는 것 또한 위법하다고 강력히 주장했다. 예수회 총장의 주선으로 다른 문제에 관해서도 현장의 예수회에 대해 최대한 호의적인 답변을 줘왔던 바스케스의 견해에 이의를 제기할 정도로 나가사키 현장에서 목격되는 상황은 처참했을 것이다.

1593년 12월 27일 스페인 선교사 그레고리오 데 세스페데스 (1551~1611)가 영혼*을 위로하고 그리스도교도 전사자의 장례를 위해 한반도로 건너갔다. 그는 그 전쟁의 처참함과 약탈당하는 사람들의 비참한 모습을 목격하고 일본 예수회에 보고서를 써 보냈다. 세스페데스가 조선에서 보낸 정보는 당시 일본 준관구장 페드로 고메즈를 통해 1594년 3월 22일 자 서한으로 로마에 전달되었다.[10]

조선인 그리스도교도

조선인 포로가 노예로 매매되는 것이 신학적으로 문제는 없다고 판단됐지만, 나가사키에 실제로 있는 예수회 선교사들은 그곳에서 벌어지는 참상을 바라보고 있지만은 않았다. 주교 세르케이라는 노예무역 종사자들을 매섭게 감시하고 예수회가 자금을 원조해 일본인 그리스도교도들로 하여금 많은 조선인 노예를 구입하도록 지시했다.[11] 1600년 나가사키에서 인쇄된 『도치리나 기리시탄(どちりなきりしたん)』에는 그리스도교인이 배워야 할 자비로운 행동 14개 조항이 기술되어 있는데, 제6조는 일본인 그리

---

* 누구의 영혼인지 서술이 빠져 있는 것으로 보인다. 예를 들면 '병사들의'와 같은 단어가 들어가야 자연스럽다.

스도교도는 자비를 베푸는 일환으로 가능한 한 노예를 사들이도록 명시하고 있다.

당시 나가사키의 성 바오로 교회에서는 조선인들이 세례를 많이 받았는데, 이 중 상당수는 독실한 교인이 되었다. 예를 들어 1596년 12월 3일 자 『일본 연보』에 따르면 같은 해 부활절 기간 중 성 바오로 교회 근처에서 조선인 그룹이 야간에 채찍질을 하여 사제와 수사들을 크게 놀라게 했다고 한다.[12] 프로이스는 300명 이상의 조선 출신 남성 노예, 여성 노예가 1594년에 세례를 받았고, 1596년에는 나가사키 주민들의 집집마다 섬길 정도가 되었다고 전하고 있다.

또한 예수회는 나가사키 조선인들을 위해 세미나리오를 설립했다. 이는 이미 염두에 둔 조선에서의 포교 활동에 도움이 되기 위함이었다. 예수회 외에 도미니코회와 프란치스코회도 나가사키 조선인들을 도왔다. 도미니코회가 나가사키에서 조직한 '로사리오 조(組)' 중에는 조선인에 특화된 조직이 있었다. 에도 막부의 금교와 박해가 시작되자 이 조직 회원들이 도미니코회 선교사를 숨겨주었고 나가사키와 그 주변 그리스도교인에 대한 잠복 포교를 도왔다.

나가사키로 끌려간 어린 조선인 중에는 예수회 세미나리오에서 양육됐으며 이후 선교의 중요한 일꾼이 된 사람들이 있었다. 1571년 조선에서 태어난 아카시 지에몬 카이오는 생포되어 나가사키로 끌려간 후 일본인 그리스도교도인 다카토(아카시 데루즈미

明石全登와 관련된 인물로 보임)에 의해 구입되었으며 교토에서 세
례를 받았다. 후에 예수회의 동숙으로서 선교사를 수행하며 규
슈의 다카쿠, 오사카, 사카이에서 포교에 종사했다. 그 와중에 다
카야마 우콘과 친분을 맺은 후 그리스도교 금령에 따라 우콘과
함께 마닐라로 건너갔으나 우콘이 죽은 후에는 나가사키로 돌아
왔고 1624년 생포되어 순교하였다.[13]

　예수회에는 조선인 동숙 권 빈첸시오도 있었다. 그는 1579년
에 조선에서 태어나 1595년 조선에 있던 세스페데스 신부를 따
라 나가사키로 왔다. 나가사키에서는 예수회 세미나리오에 들어
갔고 이후 베이징으로 보내졌다. 그 후 중국에서 조선으로 건너
가 선교를 개시할 예정이었으나 실현되지 못하였고 최종적으로
는 일본으로 돌아와 1626년 7월 20일 나가사키에서 산 채로 화
형에 처해졌다.[14]

일본에 연행된 조선인들

　예수회 선교사 루이스 프로이스는 예수회가 나가사키에서 세
례를 준 조선인이 1593년 12월에만 100명에 달했다고 했다(프로
이스 『일본사』 제3부 35장(일역본 제12권)). 프로이스는 또 다른 보고
에서 예수회 신부들이 1594년에 아리마, 오무라, 나가사키의 각
지에서 2,000명 이상의 조선인에게 세례를 주었으며, 1595년에

는 더 많은 조선인들이 세례를 받았다고 기술했다.[15]

나가사키로 끌려간 조선인 노예는 시장에서도 비싼 값을 받는 귀중한 노동력인 젊은이가 많았다. 또 어린 포로도 많이 있었다. 예를 들어 1584년에 조선에서 태어난 '가메'라는 이름의 아이는 1592년에 8세의 나이로 나가사키에 끌려와 1642년에는 나가사키의 히라도초에 살고 있었다.[16]

노예 대부분은 나가사키에 이르기 전에 다른 지역으로 먼저 끌려갔다. '진자에몬'으로 불린 나가사키에 사는 일본 태생의 조선인 남성은 부모가 모두 오무라로 끌려온 조선인으로 그곳에서 세례를 받았다고 한다. 부친은 1633년에 나가사키에서 사망하였고, 모친은 1643년에는 나가사키에서 아직 생존해 있었다.

조선인 여성

일본에 머물렀던 스페인 사람 아빌라 힐론은 다음과 같이 회고했다.

1597년, 태합(太閤)*께서 조선 왕국에 전쟁을 걸었을 때 일본으로 수많은 조선인 노예를 데려왔는데, 그중 상당수가 여성이었던 사

---

* 도요토미 히데요시를 말함.

실을 나는 기억하고 있다(아빌라 힐론 『일본왕국기』).[17]

16세기 말 일본에 온 피렌체 상인 프란치스코 카를레티는 일본 시장에서 본 조선인 노예에 대해 이렇게 말했다.

모든 연령대의 남성, 여성들이 수많은 노예로 몰려왔다. 그중에는 아름다운 여인들도 있었다. 누구나 아주 싼 값에 팔렸고 나 자신도 다섯 명의 노예를 겨우 12에스쿠드에 손에 넣을 수 있었다.[18]

한반도로 건너간 병사들의 손에 많은 여성이 일본으로 끌려오면서 나가사키 노예 시장에 커다란 변화가 일어났다. 우선 상품으로서의 인간이 과잉 공급됨으로써 그때까지 일본인을 나가사키에 데려와 파는 것을 업으로 하고 있던 히토카도이나 히토아키비토의 이익은 크게 감소했을 것이다. 또한 매년 끌려오는 수천 명의 포로를 수용하기 위해 나가사키 시내에 새로운 마을을 만들 필요가 생겼다. 이를 위해 고라이초(高麗町)와 그와 나란히 곤세카이초(今石灰町)가 새롭게 개발되었고 새로운 유곽이 생겨났다. 그때까지는 나가사키의 유곽과 주점은 주로 하카타초(博多町)에 몰려 있었다. 나가사키의 번영에 따라 중세 일본 최대의 항구도시였던 하카타가 몰락하면서 많은 하카타 상인들이 나가사키로 옮겨가거나 지점을 차린 사실이 확인되는데, 이들과 함께 유녀들도 나가사키로 이동해 온 것으로 생각된다.

레이니어 헤셀링크의 연구에 따르면 나가사키의 유곽은 미제리코르디아(Misericordia, 자선원, 慈善院)가 있던 길가(상세한 장소 불명)에서 처음 생겨났다. 미제리코르디아를 운영하는 교회 관계자들은 풍기를 저해한다는 이유로 그 존재를 문제 삼았다. 그래서였는지 이 일본인 유곽은 16세기 말에 하카타초로 이동한 것으로 보인다. 곤세카이초와 신지야초(新紙屋町)에 생겨난 유곽은 조선인 여성을 제공하는 곳으로 알려져 있었다. 새로 생긴 유곽과 예전 하카타초의 일본인 유곽은 서로 경쟁하고 있었다. 새로 생긴 신 고라이초에도 조선인 유곽이 있었을 정도로 이들 유곽은 번성했다.[19]

일본에 끌려간 적령기 여성 중 상당수는 유녀가 되어 상인이나 뱃사람들을 상대했다. 이들 가운데에는 상대 상인의 마음에 들어 마카오까지 동행했다가 다시 아시아의 다른 항구도시로 옮겨지는 사람도 있었다. 상인의 애첩이 된 이들 여성 중 유명한 사례로 1612년 인도 부왕 사절 자격으로 일본에 온 피렌체인 오라티오 네레티와의 사이에서 아들을 둔 조선인 여성을 들 수 있을 것이다. 이들 사이에서 태어난 안토니오 네레티는 나가사키 봉행소의 남만통사로 채용됐으며 포르투갈어 교역관계 사료에도 종종 등장한다.[20]

헤셀링크가 소개한 사료에 나오는 나가사키 조선인 여성 중에는 일본인 남성과 결혼해 가정을 꾸린 것으로 알려진 이도 있다. 예컨대 1582년에 태어난 조선 여성은 나가사키의 시마바라초(島

原町)로 끌려가 그 마을에서 이사하야(司투) 태생인 곤자에몬을 알게 되어 1606년 이후 나가사키의 쓰키초(築町)에서 살았다. 이 부부는 '시치조'라는 아들을 낳았으며 그는 일본인 여성과 결혼했다.

히라도 태생 일본인 진스케의 아내는 1574년에 조선에서 태어났다. 1951년 17세의 나이로 나가사키로 끌려와 지금의 마을에 살았다. 이 동네에서 자유민이 되면서 일본인 남성 진스케와 부부가 됐다. 또 다른 일본인 마고 에몬은 조선인 노예 출신 여성과 결혼했다. 이 여성은 젊었을 때 일본으로 연행되어 18세였던 1600년부터 나가사키에 살고 있었다.

포르투갈선으로 실려간 노예 대부분은 일본으로 돌아가지 않았지만 조선인 노예 중에는 나가사키에서 팔려 마카오로 옮겨진 뒤 일본으로 되돌아간 경우도 여럿 확인된다. 예컨대 1599년 10세의 한 조선인 여성(성명 미상)은 히고(肥後)의 야츠시로(八代)에 노예로 끌려갔다. 1611년 나가사키에서 팔려 마카오에 갔다가 1616년 나가사키로 돌아와 소토우라마치(外浦町)에서 생활했다. 이 시점에서 자유민이 되었고 비슷한 시기에 가와사키야 스케에몬노죠라는 조선인 전직 노예 남성과 결혼했다. 스케에몬노죠는 1594년 12세 무렵 비젠(備前)으로 끌려왔다가 풀려나 1614년부터 나가사키의 우에마치(上町)에 살게 되었다. 부부에게는 다츠, 이노스케라는 아이가 태어났다.

마카오 상인 페드로 데 로베레도[21]의 유언장에는 그가 과거 소유했던 조선인 두 여인에 관한 내용이 들어 있다. 로베레도는 이미 다른 사람에게 판 조선인 여성 안젤라에게 자신의 유산을 혜알화로 20페소를 주고 다른 조선인 여성 엘레나에게 같은 액수를 줄 것을 유언장에 명기시켰다. 이들은 로베레도의 하인 또는 애첩으로 추정되며 미리 다른 부유한 포르투갈인들에게 유상 양도를 한 것은 영리 목적이 아니라 다음 '일자리'를 자신의 생전에 마련해 주려는 애정 어린 의도였던 것으로 보인다.*

줄리아 오타

조선인 여성 줄리아 오타는 아마도 이 시기에 일본으로 끌려간 조선인 여성으로는 가장 유명한 인물일 것이다. 줄리아의 경력에 대해서는 1605년 주앙 지랑 로드리게스가 작성한 예수회『일본연보』에 자세히 기술되어 있다. 원래 조선의 고귀한 집안 출신으로 전란 중에 생포된 뒤 고니시 유키나가 밑에서 양육된다는 점에서 앞서 언급한 여인들의 삶과는 크게 다른 처지였다. 세키가하라 전투에서 고니시 가문이 멸망한 후에는 도쿠가와 가문의 시녀로 들어가게 되는데 이에야스도 마음에 들어 했다고 한다. 에도 막부의 금교령(1612년) 후에도 신앙을 버리지 않아 이즈(伊

---

* 저자 원문에는 레보르도라고 돼 있지만 주석의 표기에 근거할 때 로베레도가 더 적절해 보인다. 또한 미주 21에 'Pero'는 'Pedro'의 오기인 것으로 추정된다.

묘)제도로 귀양을 가게 되었다. 그 후의 인생에 대해서는 여러 가지 설이 있으나 확실하지 않다.

3. 나가사키의 아프리카인 노예

　명조(明朝) 당국은 1573년에서 1574년 사이에 마카오반도를 광둥성과 연결하는 지대(関閘)에 검문소를 설치했다. 그 역할은 외국인의 거주 구역과 중국 본토의 경계를 명확하게 해서 외국인과 중국인 쌍방의 자유로운 왕래나 밀무역을 막고, 체류하는 외국인에 대한 식량 공급 등을 관리하기 위해서였다(이 방침은 실제로 아편 전쟁 전야에 청나라가 마카오의 외국인을 곤궁에 빠뜨리기 위해 실행됐다). 또한 포르투갈 사람들이 부리는 '흑귀(피부가 검은 사나운 사람)'가 중국 대륙에 잠입하는 것을 방지하기 위해서였다. 이 항목이 중국 사료에 나타난다는 사실은 실제로는 그러한 일이 종종 발생했음을 나타낸다. 흑귀는 주로 동아프리카 출신자를 적시한 것으로 보인다.[22] 인도양을 널리 교역하는 구자라트 상인들은 고아 등에서 비싸게 팔리는 흑인들을 많이 데려왔고 포르투갈인들도 동아프리카 연안 항해에 들르는 항구들에서 많은 노예를 입수했다. 그들은 용병이나 뱃사람으로서 귀중한 노동 자원이었다. 모잠비크 섬에서 거래되는 흑인 노예의 가격에 대해서는 이런 기록이 있다.

> 포르투갈인들이 있는 이 섬에는 많은 존경을 받고 있는 선장(돈 페드로 데 카스트로)이 지휘하는 요새 하나가 있다. 이 섬의 길이는 약 3마일로, 거기에 포르투갈인과 현지인이 살고 있다. 현지인들은 카프리인으로 불리는 흑인으로 평소 이들은 옷을 입지 않고 생활한다. 이 섬의 위치는 여기서도 보일 정도로 대륙에 인접해 있다. 이들 중에는 기독교인도 있고, 이교도도 있다. (중략) 이 섬에는 이들 흑인으로 가득 찬 배가 찾아와 포르투갈인들이 이들을 구입했다. 어린이, 여성, 남성의 가격은 각각 5, 6, 7에스쿠드이다. 때로는 15명을 모아서 한 사람당 2토스탕으로 산다. 우리가 타는 배에서는 1,200명 이상의 노예가 팔렸는데 포르투갈인들은 그들에게 교의를 가르쳐 기독교인으로 개종시키고 급여를 주지 않고 일을 시킨다.[23]

이런 흑인 노예들은 포르투갈인 해양 네트워크상에서 폭넓게 이동했으며 마카오에도 다수 정착했다.

일본 역사상 가장 유명한 아프리카인은 '야스케(彌介)'로 불렸던 노부나가를 섬긴 카프리인일 것이다. 그는 모잠비크 출신인 것으로 보이지만 모잠비크에는 여러 부족이 있고 신체적 특징도

제각각이어서 실제로 어느 부족 출신이었는지 궁금증을 자아낸
다. 선교사 일행과 함께 야스케가 교토로 출발하자 시민들이 경
악하며 큰 소동이 벌어지고 예수회가 체류하던 시설에 구경꾼들
이 몰려들었다. 그 혼란으로 관람객이 다치거나 압사하는 사람
까지 생겨났다. 노부나가의 문서담당관이었던 오타 규이치(太田
牛一)의 『노부나가공기(信長公記)』에는 흑인 야스케의 피부색이
소의 피부 같고 나이는 16, 7세라고 적혀 있다. 그 기록에는 야
스케가 온화한 성품이라고 기록된다. 예수회 순찰사 발리냐노
는 노부나가를 알현할 때 야스케를 동반했다. 노부나가는 야스
케의 피부색이 진짜인가 확인하기 위해 상반신을 벗기고 그 몸
을 씻겨 보게 했다. 야스케는 검을 뿐만 아니라 키도 컸고 일본
어도 조금 할 수 있었다. 노부나가는 예수회사에게 야스케의 양
도를 원했고 발리냐노는 거기에 응했다. 이후 야스케는 노부나
가를 섬겼지만 혼노지의 변 이후 그의 행적에 대해서는 명확하지
않다.

　야스케 이외에도 전국시대 무장의 가신이 된 아프리카인이 있
었다. 이름은 미상이지만 히데요시의 주요 무장 중 한 명인 가토
기요마사를 섬겼으며 조선 출병에도 종군했다. 가토 기요마사는
어려서부터 히데요시를 섬겼고, 1588년에 히고(比後) 북반국의
지행 자리를 얻었다. 그는 히고 남반국의 영주이자 그리스도교
도인 고니시 유키나가와 함께 조선 출병 군사 계획에 앞장섰다.
1592년 4월 기요마사는 1만 명의 군사를 거느리고 부산에 침입

해 같은 해 5월에는 한성(현 서울)에 들어갔다. 6월 조선 최북단인 함경도로 진군하였고 6월에는 만주 국경지대까지 병사를 전진하였다. 최종적으로 기요마사는 함경도에서 복속한 조선인을 거느려 오랑카이(兀良哈)라 불리는 여진(女眞)의 영역까지 침입하였다.

1593년 1월 명나라가 대규모 진압군을 조선으로 보냈고, 같은 해 2월 기요마사는 함경도를 떠나 한성까지 철수했다. 그 무렵 그는 이미 병사의 절반 가까이를 잃은 상태였다. 1593년 4월 기요마사는 부산으로 물러났고, 같은 해 7월 히데요시는 조선 남부에 성을 쌓도록 장수들에게 명했다. 기요마사는 부산 북부에 서생포왜성을 쌓았다. 기요마사는 1953년 12월, 히고(比後)에게 물자 조달 서한을 보내면서 그의 '흑방(黑坊)'을 언급했다.[24] 『일포사전』에 보면 쿠로바(Curubá)는 카프리인을 지칭하는 것으로 설명돼 있다. 이 흑방에게는 히고에 처자식이 있었다. 그 서한에는 기요마사를 따르는 또 다른 용병에 대해서도 언급되어 있다. 1607년경 가메이 고레노리(龜井茲矩)가 번주로 있었던 이나바 시카노(因幡鹿野)번에 흑방이 있었다는 기록이 있다. 가메이가 조선 출병 귀환 시 데려온 사람이라고 하지만 자세한 내용은 알 수 없다(『続無名抄』).

무역선이 빈번히 드나드는 나가사키에는 포르투갈 선박이 정박해 있는 동안 아프리카인들이 대거 시내에 드나들고는 했는데 그중에는 정착하는 사람도 있었다.

히라도 영국 상관의 리처드 콕스(1566~1624)가 남긴 일기에는 마누엘 곤살베스나 조르지 둘로이스 등 나가사키 거주 포르투갈인들이 종종 카프리인 노예 편으로 콕스에게 편지를 보낸 일이 기록되어 있다. 또, 포르투갈인이 소유하는 카프리인들은 종종 히라도의 네덜란드 상관으로 도망치는 일이 있었는데, 콕스에게 이를 탐색해 달라는 의뢰가 온 적도 있었다(『영국 상관장 일기』).

콕스의 일기를 통해 나가사키 봉행인 하세가와 후지히로의 동생 후지쓰구가 조르지와 존이라는 카프리인을 소유하고 있었다는 것, 또 히라도 영주 마쓰우라 다카노부도 안토니오라는 이름의 카프리인을 소유했다는 것을 알 수 있다. 1617년 11월 일기에서는 안토니오가 마쓰우라 다카노부로부터 해방되어 영국 상관에 있었는데, 마닐라에서 온 스페인인이 거금을 주고서라도 안토니오를 사들이겠다고 제의한 것으로 나온다. 안토니오는 일본어와 포르투갈어에 능통했던 것 같아 교역 시 통역의 역할도 기대했을 것이다. 그렇지 않아도 강렬하고 희소했던 카프리인을 종자로 삼는 것은 일본인에게 있어 '부귀'와 '위풍'의 상징이었기에 교역에 관련된 다이묘들은 저마다 소유하기를 원했을 것이다.

나가사키에 사는 카프리인들은 음주나 난폭한 행동으로 종종 시중에서 소란을 일으키기도 했다. 1625년에는 성명 미상의 카프리인이 나가사키에 사는 스페인 사람의 물건을 훔쳐 어떤 일본인에게 팔았다며 나가사키 봉행소에 고발되었다.[25] 벤투라라는 이름의 카프리인은 나가사키 대관인 스에쓰구 헤이조(末次平

蔵)를 섬기며 은밀히 활동하던 유럽인 선교사들과 그리스도교도들의 소재를 알아내기 위한 밀정으로 일하고 있었다.[26] 에도 막부의 금교령 이후 이들 나가사키 시내에 정착한 카프리인 중에는 그리스도교 신앙을 버리지 않고 순교한 자도 있었다. 머나먼 타향에서 그리스도교를 위해 순교한 '검은 피부 사람들'의 존재는 거의 알려져 있지 않다.

◆ 맺음말 ◆

'그리스도교의 세기'라고도 불리는 16세기 중엽부터 17세기 중엽까지의 100년간은 '남만의 세기'라고 불리기도 한다. 그럴 정도로 남만인으로 불린 포르투갈인, 스페인인과의 교역이 주로 이루어진 교류가 일본 사회와 그 문화에 끼친 영향이 적지 않기 때문일 것이다.

'남만무역'은 중국의 연안 도서부(1557년 이후는 마카오)를 허브 거점으로 교역에 종사한 포르투갈인들이 인도와 동남아시아의 여러 지역에서 거래한 상품과 중국산 생사, 견직물, 약초 등을 일본으로 운반했던 것으로 알려졌다. 남만무역의 주요 거래품은 전국시대에는 샴(현재의 태국)의 항구 아유타야에 집적되었던 납 등의 광물과 중국산 초석 등 군사에 관련된 것들이었다. 이들 물자를 입수하기 위해 당시 개발이 한창이었던 이와미(石見)의 오모리(大森) 은산 등에서 생산된 은이 쓰였다. 또한 전국시대의 '전란 중 약탈'로 불리는 당시 포로 처리 관습 등의 요인으로 다수의 일본인이 '노예'로 해외에 끌려갔다.

산재한 기록에 한정해서 보면 이들 일본인 노예의 출신지로 '분고'가 다수 언급되는데 그렇다고 해서 덴쇼 7년(1579년)에 그

233

리스도교로 개종한 오토모 소린(大友宗麟)이 적극적으로 노예무역에 관여했다고 말하기는 어렵다. 왜냐하면 '전란 중 약탈'은 오토모 씨와 대립한 시마즈 세력권에서 자주 나타나는 현상이었으므로, 분고 출신이라는 것은 아마도 오토모와 시마즈 간의 전쟁에서 포로가 된 분고 사람들이 사쓰마를 경유해 나가사키로 끌려왔을 것으로 생각하는 쪽이 자연스럽기 때문이다. 전국시대에 유출된 일본인 노예에는 이러한 전쟁 포로뿐만이 아니라 유괴된 어린아이, 부모에 의해 팔려나간 아이들도 다수 있었다. 이들 사례는 일본인의 감각에서는 '노예'라기보다는 시한부 예속민, 즉 '기간 한정 봉공인'으로 이해하는 쪽이 더 정확할 수도 있다. 왜냐하면 멕시코나 아르헨티나, 포르투갈, 스페인 등 세계 곳곳에 남은 16세기 일본인 노예에 관계된 사료 가운데 '자신은 본래 노예가 아니었다'고 주장하며 해방을 요구하는 소송에 관한 기록이 상당수 존재하고 있기 때문이다.

16세기 포르투갈인에 의한 노예무역은 일본과 아시아에 한정되지 않은 전 세계적인 현상이었다. 인간이 상품으로 매매되는 일이 매우 일상적이었던 시대상의 일면이다. 하지만 영화에서처럼 노예 상인이 총과 채찍으로 사람들을 몰아세우고 배 안에 빽빽하게 밀어넣으며 가축처럼 비참하게 대하는 장면 묘사로 대표될 수는 없다는 점을 주의해야 한다(그런 일이 없었다는 의미는 아니다).

가장 의외인 것은 포르투갈인들이 그들을 노예로 삼을 당시

'문명화' 혹은 '그리스도교화' 의식, 다시 말해 그들을 거래할 때 세례를 시키는 관습이 있었다는 점이다. 이는 나가사키에서도 널리 시행되었다. 즉 예수회 선교사는 노예로 매매된 사람들의 존재를 알고 있었고 그 거래가 정당화되는 과정에도 관여하고 있었다고 할 수 있다. 1570년 일본인 노예거래를 금지하는 포르투갈 국왕 돈 세바스티앙의 칙령은 "포르투갈인이 일본에서 시행하는 노예거래가 그리스도교 포교의 확대를 저해한다"는 이유로 예수회의 활동 과정에서 발의된 것이었다. 그럼에도 동시에 예수회는 일본에서 일어나는 노예무역에 관여하지 않을 수 없는 상황이었다. 일본에서 노예무역에 대한 예수회의 개입이 완전히 단절되는 시점은 게이초 3년(1598년)으로 루이스 데 세르케이라가 일본 주교로서 나가사키에 도착해 노예거래에 관계한 이들을 교회법으로 처벌하도록 한 결정을 통해서였다.

일본인 매매를 둘러싼 포르투갈인 측의 금령과는 별도로 일본의 위정자로부터도 일본인의 해외 매각을 문제시하는 움직임이 있었다. 히데요시의 유명한 '바테렌 추방령'이 그것이다. 세간에 알려진 '바테렌 추방령'은 두 종류가 있는데 덴쇼 15년(1587년) 6월 18일 자로 쓰인 각서(이세신궁 문고의 고슈인 시쇼쿠 고카쿠御朱印師職古格)와 다음 날 작성된 5개 조(마츠우라가 문서松浦家文書)가 있다. 각각 내용이 다른데, 선행 연구에서도 해석이 나뉘는 복잡한 문제이므로 내용의 분석은 남겨두고 6월 18일의 각서에 "첫째, 중국, 남만, 고려에 일본인을 파는 일은 부정한 일이므로 일본에서는 인신매매를 금지한다."라고 하여 일본인의 매매를 금하는 조항이 있다는 것에 주목하고자 한다. 이 조항이 그리스도교 문제와 같이 취급해 언급되고 있다는 것은 히데요시가 일본인이 해외로 팔려가는 현실을 예수회의 문제로도 인식하고 있었던 것으로 보아도 무방하다.

지금까지 이 조항은 예수회와는 관계가 없다든가 선교사가 포르투갈 상인의 노예무역을 묵인한 것을 문제시한 것이었다고 설명되어 왔다. 그러나 앞서 밝혔듯이 예수회는 노예무역의 과정에 있어서 틀림없이 한 기능을 담당했고 그것을 히데요시는 모른 척 넘어가지 않았던 것이다.

예수회와 일본인 노예무역의 관계에 대해서는 용인, 금령의 문제를 포함해 이 책의 원서인 루시오 데 소우사의 저서(*Escravatura e Diáspora Japonesa nos Séculos* XVI e XVII 16, 17세기의 일본인 노예무역과 그 확산)에서 상세히 다루고 있으므로 이 책에서 번역할 수는 없고 별도의 원고를 통해 상술할 것을 기약하는 바이다.

◆증보판 에필로그◆

기구한 운명을 살았던 소년 다미안

  에도 막부가 마카오와 단교한 지 3년 후인 1642년 10월 25일, 다미안 데 리마라는 이름의 부유한 일본인이 마카오에서 유언장*을 남겼다. 그의 실제 사망 날짜는 알려져 있지 않다. 그의 직업은 확실하지 않지만 유언장에서는 그가 채권자의 여러 가지 채권 말소에 관하여 언급하고 있는 것을 볼 때 상인이었다고 생각된다. 그는 예수회 성 바오로 학원의 교회당(마드레 데 데우스 교회), 마카오 자선원(미제리코르디아)에 유산 기부를 천명했으며 성 바오로 학원장과 교회 마루 밑 매장을 희망했다. 유럽의 가톨릭 사회에서는 교회에 고액의 기부를 할 경우 묘지가 아닌 교회 마루 밑 매장이 허락되고 있었다. 또한 여러 명의 사제가 행진하고 나란히 도열해 앉는 등 상당히 호화로운 장례 예식을 준비해 달라고 요청했다.

---

* 유언장의 발견에 관해서는 2018년 1월 11일 요미우리 신문(수도권판, 중부판) 조간에 보도되었다. 스페인 왕립사학사원 도서관 소장. Biblioteca de la Real Academia de Historia, Madrid. 9-7238, fls.969-970.-원주

이 유언장에서 가장 놀라운 내용은 그가 자신의 삶을 이야기 하는 부분이다. 그는 자신이 1580년대에 일본에서 포르투갈로 끌려갔던 (노예인지 하인인지는 불명) 이야기를 한다. 게다가 그의 주인은 이냐시오 데 리마라는 일본-마카오 항로를 오가는 배의 선장이었다고 한다. 그는 이탈리아인 예수회 선교사 발리냐노의 의뢰로 덴쇼 소년견구사절을 인도까지 옮긴 선장이다. 도중에 사절 소년들과 함께 마카오에 몇 달간 머물렀다. 그렇다면 소년 이었던 다미안은 덴쇼 소년견구사절 소년들과 함께 일본을 떠났 다고 생각해도 좋을 것 같다. 다만 이냐시오가 덴쇼 소년들과 동 행한 곳은 인도까지이기 때문에 유럽까지 함께 간 것은 아니다. 그 후 어느 시점에 다미안도 이냐시오와 함께 리스본까지 건너 가 병환 중에 있었던 이냐시오를 지켰고 이후 일본으로 돌아가 기 위해 마카오까지 돌아왔던 것 같다. 리스본에서 마카오로 돌 아온 것은 문서상으로 1618년 무렵의 일로 생각된다. 이냐시오 는 자식이 없었기 때문에 종복 신분으로 자신을 섬겼던 다미안 을 자기 재산의 계승자로 지명했다. 그 결과로 일본인 다미안은 엄청난 부자가 되어 마카오에 돌아온 것이다. 그는 자신의 임종 을 위해 유산 대부분을 마카오에 사는 에도 막부의 금교령으로 고향에서 쫓겨난 일본인 그리스도교도를 위해 희사하겠다고 밝 혔다. 이 유언장 이외에 다미안에 대한 기록은 1626년 시점에 마 카오의 포르투갈인 주민등록상에서 이름이 확인된다(본서 제1장 그림 13에 소개).

덴쇼 사절의 소년들과 함께 여행을 떠났던, 아마도 그 소년들보다도 더욱 어렸을 남자아이가 포르투갈까지 건너갔고 성인이 되어 극동으로 귀환한 것과 부유한 상인이 되어 나라에서 쫓겨난 일본인 그리스도교도들을 위해 재산을 기부한 것은, 당시 일본에게는 세계가 생각만큼 먼 존재가 아니었다는 점과 오랜 해외 생활을 거치면서도 여전히 고향 사람들에 대해서 '동향'의 정을 강하게 느끼고 있었음을 보여준다.

본서에서 그려낸 바다를 건넌 노예들의 생애는 다미안과 같이 복 받은 경우는 드물고, 전란 중에 차라리 죽는 편이 낫다고 생각할 정도로 열악한 생활 환경에 있던 경우가 압도적으로 많았을 것이다. 그런데도 그들은 어떠한 환경에서도 '사는' 것을 선택했다. 지금까지의 역사 연구에서 거의 살펴볼 기회가 없었던 존재인 그들의 일상의 기쁨이나 슬픔이 조금이라도 후세 사람들에게 알려져 많은 사람들이 그 존재를 가깝게 느꼈으면 하는 바람이다.

◆ 후기 ◆

이 책은 포르투갈에서 출판된 루시오 데 소우사의 저서 *Escravatura e diáspora Japonesa nos séculos XVI e XVII*(『16, 17세기의 일본인 노예무역과 그 확산』(Braga; NICPRI-Núcleo de Investigação em Ciência Política e Relações Intenacionais, 2014) 중 제1장, 제2장을 요시다 나오히로가 번역하고 오카 미호코가 소우사와의 조정을 거쳐 좀 더 이해하기 쉬운 내용과 표현으로 대폭 개정한 것이다.

이 책의 밑천이 된 연구는 남편 루시오 데 소우사가 2005년경부터 몰두해 온 것이다. 일본에서는 오카모토 요시토모의 연구 발표 이래 해외로 건너간 일본인 노예의 존재는 알려져 있었지만 자칫하면 이러한 주제는 실태를 애매하게 남겨둔 채 상상의 영역으로 이야기가 넘어가 버리는 경향이 있었다.

남편이 연구를 시작할 무렵에는 포르투갈인에 의한 일본인을 대상으로 한 노예무역의 실재 자체를 의심하는 이들도 적지 않았지만, 신출 사료의 정제된 분석을 통해 국제적인 학회 등에서 발표를 거듭하여 평가를 받기 시작했다. 지금은 반대로 연구 주제 그 자체와 소개한 사료, 연구 방법을 모방하는 사람들이 나타나기 시작했다.

이 책의 출판 계기는 2013년 별도로 취재를 왔던 요미우리 신문사 문화부의 쓰지모토 요시타카(辻本芳孝) 기자(현 가나자와 지부)와 잡담을 나누던 중 일본인 노예에 관한 사료 이야기가 나와서였다. 그 후 이 사료에 관한 연구를 기사에 실어 주었던 쓰지모토 씨를 통해 주오코론샤를 소개받았고 출판 자체는 그야말로 순조롭게 척척 결정되었는데, 2014년 4월에 둘째 딸이 생겨 일과 두 아이의 육아 양쪽에 부부가 모두 피폐해졌고, 특히 나의 기력이 부족하여 좀처럼 진척이 되지 못했다.

원래는 번역과 편집작업을 내가 혼자서 할 예정이었는데 결국에는 소우사의 친구이자 포르투갈어 번역가인 요시다 나오히로 씨의 조력을 받아 겨우 원고의 형태를 갖추게 되었다. 사실 일본인 노예에 관한 소우사의 포르투갈어 저서는 이 책의 3배 분량으로, 일본인의 확산 사례뿐만 아니라 일본 예수회와 노예무역의 관계나 포르투갈 당국의 상황인식, 이 문제에 관한 당국의 법령 등 중요한 문제는 나머지 부분에 포함되어 있다. 요시다 씨에게는 이미 번역을 완성해서 들고 있는 나머지 부분의 출판이 이제부터 선결 과제로 존재하지만, 일단은 이 책의 간행으로 세간의 목소리를 들을 수 있기를 희망한다.

전국시대 말기에 해외로 건너간 일본인 중 사료에 남은 것은 극히 적은 사람들로, 우리가 상상하는 것 이상으로 더 큰 세력의 사람들이 해외에서 생을 마감했을 것이다. 그리고 해외에서 공동체를 일구기도 했던 그들은 평화로운 백성은 아니었고 어찌 보면 각지의 당국 입장에서는 폭동을 일으킨 불온한 백성들로 여겨지는 것도 무리가 아니었다. 이 책에서 구체적으로 거론하지는 않았지만 에도 막부가 채택한 '관영쇄국'의 과정에도 해외에 사는 일본인 문제가 적지 않게 영향을 주었다고 생각한다.

지금까지 역사의 어두운 면으로 거의 돌아보지 못했던 주제이지만 실제로 해외 거주 일본인의 문제는 당시의 일본을 둘러싼 국제환경 가운데 매우 중요한 요소였다고 본다. 향후 새로운 사료의 발굴이 이어지고 이들의 존재가 무분별한 선동의 대상이 되거나 떳떳하지 못한 일로 치부되는 것이 아니라, 일본사와 세계사의 역사 연구에 있어 하나의 중요한 주제로 자리매김할 수 있기를 바라는 마음이다.

끝으로, 이 책의 간행에 있어 주오코론신샤 학예국의 군지 노리오(郡司典夫) 씨는 처음부터 끝까지 정중한 상담에 응해 주었고 원고 개정 작업에도 커다란 도움을 주셨다. 또한 사료편찬소의 오하시 아키코(大橋明子) 씨는 원고를 훑어보고 교정도 도와주셨다. 그리고 역자로서 높은 프로 의식을 가지고 번거로운 작업을 신속히 진행해 준 요시다 나오히로 씨는 탄복할 만하다. 이 글을 통해 감사를 표하고 싶다.

오카 미호코

◆ 증보판 후기 ◆

　주코총서(中公叢書) 『대항해시대의 일본인 노예』 초판이 출판
된 것은 2017년 4월의 일이다. 그 책의 근원이 된 소우사의 포
르투갈어 저서 내용은 일본어판의 두 배 이상으로 대략 4장 분
량을 다 싣지 못한 형태로 일본에서 출판했다. 그 이유는 『대항
해시대의 일본인 노예』에 수록된 것처럼 일반인도 친근하게 읽
을 수 있는 에피소드적인 이야기가 아니라 노예무역을 둘러싼
법과 제도사를 다룬 전문적인 내용을 포함하고 있었기 때문이
다. '일본인 노예'의 존재에 대한 인지도가 매우 낮았던 3년 전
에는 이 부분을 포함하여 일반 서적으로 만드는 것이 주저되었
다. 당초부터 이 책은 가능한 한 많은 사람, 가능하면 고교생들
까지도 읽어 주기를 바랐고 저자로서는 감당하기 어려운 문제였
던 만큼 상당히 문턱을 낮춰 도전할 필요가 있었다. 다행히도 이
책은 판을 거듭했고 전국시대에 일본인이 노예로 해외에 건너간
이야기가 미심쩍게 여겨지지 않을 정도는 되었다. 그런 의미에
서 첫 번째 계획은 대성공이었다. 그 후, 소우사가 단독으로 *The
Portuguese Slave Trade in Early Modern Japan-Merchants, Jesuits
and Japanese, Chinese, and Korean Slaves*(BRILL, 2018)를 발행했

고 그것을 소재로 한 프로그램이 BBC와 NHK에서도 제작되어 세계적으로도 극동에서 이루어진 포르투갈인의 노예무역 이야기를 주지시켰다.

일본인 노예의 존재가 알려지면서 이 책 곳곳에 나타나는 예수회와 노예무역의 관계가 정면으로 다뤄지지 않는 데 대한 의문도 종종 제기된다. 포르투갈어 원서에서는 사실 두 장에 걸쳐서 그 문제를 논하고 있는데 이 또한 본서의 초판에는 들어 있지 않다. 예수회가 노예무역에 '폐지론자'로서의 입장뿐만 아니라 현실에 많이 관여하고 있었다는 모순을 밝히면 적잖은 풍파가 일어나 학술적이지 않은 방식으로 '불꽃 튀는' 일이 될 것으로 예측되었기 때문이다. 그러나 그동안 본서의 내용도 포함된 히라카와 아라타(平川新)의 『전국일본과 대항해시대-히데요시·이에야스·마사무네의 외교전략』(주코신서) 간행이나 일본에서 활동한 예수회의 다른 측면을 조명하는 TV 프로그램 등의 제작도 있어, 좀 더 심도 있는 연구를 일본에서도 소개해야 한다고 생각하여, 증보판 출판에 즈음하여 보론을 마련하였다.

새 장을 더하긴 했지만 예수회가 인신매매에 어떻게 관여했는지는 아직 밝혀지지 않은 부분이 많다고 본다. 어떤 이들은 인신매매 자체에 대해서도 '더 나은 생활을 보장받기 위한' 수단으로서 긍정적으로 보는 견해를 피력하기도 한다. 그래도 역시 실정상 차마 눈 뜨고 볼 수 없는 일이며 그에 대한 사료 역시 극히 적은 이유는 그만큼 어두운 구석이 있었기 때문이다.

표면적으로는 근대에 들어서면서 서양세계의 노예제는 폐지됐다. 그러나 소위 개발도상국이라 불리는 지역에서는 비록 '노예'라는 호칭은 아니지만, 그에 가까운 형태의 노동은 당연히 존재하고 있다. 또한 이들 지역에서 '선진국'이라고 불리는 지역(일본을 포함한다)으로 외화벌이를 나와 있는 사람들 중에도 '노예적'인 노동을 강요당하는 사람이 적지 않다. 노예제를 극복했다고 하는 나라들도 실상으로는 뚜렷한 격차가 남아 큰 사회문제가 되고 있다. 인류 역사를 보는 한 노예는 모든 곳에 늘 존재했고 지금도 존재하고 있다. 뚜껑을 덮은 채 보지 않으려 해서 그렇지 이는 사실 현대 사회문제의 기층과 연관이 깊다. 보이지 않기 때문에 그들의 문제를 논하려고 해도 본질적인 부분에서 공통 인식이 형성되어 있지 않고, 개개인이 자의적인 의견에 흐르기 쉽다. 모든 현대사회의 문제는 역사를 모르고서는 그 본질을 이해할 수 없고, 역사의 문제는 배우고 직시함으로써 해결할 수 있는 것이 아닐까.

◆ 주 ◆

서술에 앞서

1 Filippo Sassetti, *Lettere edite e inedite di Filippo Sassetti raccolte e annotate da Ettore Marcucci*, Firenze: Felice le Monnier, 1855, p.125.

2 Miguel de Contreras, Noble David Cook e Mauro Escobar Gamboa, *Padrón de los indios de Lima en 1613: padrón de los Indios que se hallaron en la Ciudad de los Reyes del Perú hecho en virtud de Comissió del Excmo. Sr. Mrqs. de Montes Claros, Virei del Perú*, Lima: Universidad Nacional Mayor de San Marcos, Seminário de Historia Rural Andina, 1968, pp.524~545.

3 AGN, Inquisición, vol.456, Expediente 2, fl.70.

4 Palavras de Alonso de Oñate, "procurador general de los mineros y proprietario de minas en Ixmiquilpan"(1585?), Manual Castillo Martos, *Bartolomé de Medina y el siglo XVI*, Santander: Servicio de Publicaciones de la Universidad de Cantabria, 2006, p.152.

5 Arquivo Histórico de Macau(AHM), *Santa Casa da Misericórdia de Macau, Legados, Treslados de Testamentos, testamento de Paula Correia*, 1725, fl.34.

6 I. C. Sousa, *A Outra Metade do Céu*, Macau: Saint Joseph Academic Press, 2011, p.166.

7 Leonor Diaz de Seabra, *O Compromisso da Misericórdia de Macau de 1627*, Macau: Universidade de Macau, 2003, p.76.

8   Real Academia de la Historia de Madrid, Cortes 566, Maço 21, fl.277v.

9   José Heliodoro da Cunha Rivara, *Archivo Portuguez-Oriental*, Fasc.3, parte2, Nova Goa: Imprensa Nacional, 1861, pp.763~764.

10   AHM, *Santa Casa da Misericórdia de Macau, Legados, Treslados de Testamentos, testamento de Manuel Gomes O Velho*, 1600, fl.9.

11   AHM, *Santa Casa da Misericórdia de Macau, Legados, Treslados de Testamentos, testamento de Domingos da Sylva*, 1629, fl.27.

12   AHM, *Santa Casa da Misericórdia de Macau, Legados, Treslados de Testamentos, testamento de Francisco Fernandes*, 1635, fls.33v~34.

13   AHM, *Santa Casa da Misericórdia de Macau, Legados, Treslados de Testamentos, testamento de Isabel Pinta*, 1631, fls.28~29.

14   I. C. Sousa, Ibid., p.168.

15   François Solier, *Histoire Ecclesiastique Des Isles Et Royaumes Du Japon*, vol.1, Paris: Sébastian Cramoisy, 1627, p.444.

16   Fr. Fulvius Gregorii S. I. et P. A. Laerzio S. I., P. Ioanni B. Pescatore S. I, Rectori Noviciatus Romani. Josef Wicki, S. J. (ed.), *Documenta Indica*, vol. XII, Roma: Monumenta Historica Societatis Iesu, 1972, p.880.

17   AHM, *Santa Casa da Misericórdia de Macau, Legados, Treslados de Testamentos, testamento de Rui Vas Pinto*, 1634, fls.32~32v.

18   Jin Guo Ping, Wu Zhiliang, "A (des) canibalização dos portugueses", *Revista de Cultura*, n.16, 2005, pp.94~104.

1 1597년 문서에서는 가스팔이 20세라고 하고(AGN, Inquisición, vol.237, fl.451f.), 1599년 문서에서는 14년 전에 팔렸다고 기록되어 있다(AGN, Real Fisco de la Inquisición, 1599, vol.8, exp.9, fl.263). 때문에 매매되었던 것은 8세 때였던 것으로 추정된다.

2 AGN(Archivo General de la Nación, México), Inquisición, vol.253, exp.1U, fl.139.

3 AGN, Real Fisco de la Inquisición, 1599, vol.8, exp.9, fl.265.

4 AGN, Real Fisco de la Inquisición, 1599, vol.8, exp.9, fl.263.

5 AGN, Real Fisco de la Inquisición, 1599, vol.8, exp.9, fl.265.

6 유명한 예로는 바스코 다 가마의 종자인 가스팔 데 가마가 있다. João de Barros, *Decada Primeira da Asia*... Lisboa: Impressa por Jorge Rodriguez, 1628, fls.44~45.

7 AGN, Real Fisco de la Inquisición, 1599, vol.8, exp.9, fl.263.

8 「순다 출신, 추정연령 70세의 프란치스코의 증언(1596년 10월 21일)」, AGN, Inquisición, vol.237, fl.443v.

9 AGN, Real Fisco de la Inquisición, 1599, vol.8, exp.9, fl.265.

10 AGN, GD61, Inquisición, 1601, vol.263, exp.1U, fls.137, 138v.

11 AGN, Inquisición, vol.237, fl.457.

12 AGN, Inquisición, 1601, vol.263, exp.1U, fl.140.

13 António Rodrigues, Francisco Rodrigues, João Rodrigues, AGN, Inquisición,1601, vo.263, exp.1U, fls.137, 138v, 140.

14 AGN, Inquisición, vol.237, fl.443.

15 AGN, Inquisición, vol.237, fl.443.

16 14. AGN, Inquisición, vol.237, fl.461.

17 카피탄 모르인 제로니모 데 소우사가 마카오에서 일본으로 온 해.

18 António de Bulhão Pato, *Documentos Remettidos da India*, Tomo II, Lisboa: Typografia da Academia Real das Sciências, 1884, p.17, 77, 132. 주앙 고메스 하이오는 1607년 크란가늘

요새의 수장이었다.

19 AGN, Inquisición, vol.237, fl.457.

20 AGN, Inquisición, 1601, vol.263, exp.1U, fl.140.

21 José Maria Braga, *Jesuitas na Ásia*, Macau: Fundação de Macau, 1998, p.78.

22 AGN, Inquisición, 1601, vol.263, exp.1U, fl.138.

23 AGN, Inquisición, vol.237, fl.460.

24 Josef Franz Schütte, S. J., *Monumenta Missionum Societatis IESU — Monumenta Historica Japoniae I — Textus Catalogorum Japoniae 1553~1654*, Rome: Monumenta Histórica Societatis IESU a Patribus Eiusdem Societatis Edita, 1975, p.403.

25 『마누엘 페르난데스의 증언』 루이 페레스의 자식, 안토니오 로드리게스가 비세우 출신인 것을 확인할 수 있다. AGN, Real Fisco de la Inquisición, 1599, vol.8, exp.9, fl.264. AGN, Inquisición, 1601, vol.263, exp.1U, fl.138v.

26 António João Cruz, "A teia de um crescimento. Viseu do séc. XVI ao séc. XX," *Programa da Feira Franca de S. Mateus* (Viseu: Câmara de Viseu, 1986), pp.1~10.

27 Biblioteca da Ajuda, Jesuítas na Ásia, Códice 49-V-3, Francisco Pires S. J., *Pontos do que me alembrar*, fl.10.

28 AGN, Inquisición, 1601, vol.263, exp.1U, fl.138v.

29 Ibid., fl.138v.

30 Josef Schütte, *Monumenta...*, p.404.

31 Jurgis Elisonas, "Christianity and the Daimyo", in John Whitney Hall, Marius B. Jansen, Madoka Kanai, Denis Twitchtt (ed.), *The Cambridge History of Japan: Early Modern Japan*, vol.Ⅳ., 1991, p.363.

32 이 부부에게는 마리아라는 이름의 딸이 있었는데 그 남편의 이름이 기레르메로 되어 있다. AGN, Inquisición, 1601, vol.263, exp.1U,

33 Ibid., fl.141v.

34 Ibid., fl.137v.

35 Ibid., fl.138.

36 Ibid., fl.138.

37 ルイス·フロイス, 松田毅一·川崎桃太訳,『日本史』第11巻,
中央公論社, 1979, pp.15~18.

38 Ibid., p.122.

39 Ibid., pp.122~123.

40 AGN, Inquisición, 1601, vol.263, exp.1U, fl.140.

41 Ibid., fl.137v.

42 Ibid., fl.139v.

43 Ibid., fl.141v.

44 Reinier H. Hesselink, "An Anti-Christian Register from
Nagasáqui", *Bulletin of Portuguese/Japanese Studies*
vols.18/19(Lisbon, 2009), p.17.

45 Amaro, Bébio Mario, "Nagasaki as Emporium: History
and Social Composition in its Initial Years," in *Vanguards
of Globalization: Port Cities from the Classical to the
Modern*(Delhi, Primus Books, 2014), pp.253~279.

46 AGN, Real Fisco de la Inquisición, 1599, vol.8, exp.9, fl.265.

47 AGN, Inquisición, 1601, vol.263, exp.1U, fls.137e, 138v.

48 Ibid., fl.140.

49 Ibid., fls.137, 138v.

50 AGN, Inquisición, 1601, vol.263, exp.1U, fl.140.

51 Juan Ruiz-de-Medina, "Gómez, Pedro," in *Missionação e
Missionários na História de Macau*, Eds. Maria Antónia
Espadinha, and Leonor Seabra(Macau: Universidade de Macau,
2005), pp.170~172.

Josef Wicki, S. J., "Die "Judeo-conversos" in der Indischen Provinz der Gesellschaft Jesu von Ignatius bis Acquaviva", *Archivum Historicum Societatis Iesu*, 46, 1977, pp.342~361.

52 AGN, Inquisición, 1601, vol.263, exp.1U, fl.138.

53 Ibid., fls.137v, 139v, 142.

54 AGN, Inquisición, vol.237, fl.458.

55 AGN, Inquisición, 1601, vol.263, exp.1U, fl.142.

56 AGN, Inquisición, vol.237, fl.444.

57 AGN, Inquisición, 1601, vol.263, exp.1U, fl.140v.

58 Ibid., fl.138.

59 AGN, Inquisición, vol.237, fl.443v.

60 AGN, Inquisición, 1601, vol.263, exp.1U, fl.140.

61 Ibid., fl.137v.

62 Ibid., fl.138.

63 Ibid., fl.138v.

64 Ibid., fl.140v.

65 Ibid., fl.142.

66 AGN, Inquisición, vol.237, fl.445v.

67 AGN, Inquisición, 1601, vol.263, exp.1U, fls.141, 142.
    AGN, Inquisición, vol.237, fl.445v.

68 Lúcio de Sousa, "The Military Questions in the Commerce between Macau and Nagasáqui in 1587," *Review of Culture*, n.27, 2008, p.31.

69 Sanjay Subrahmanyam, *Courtly Encounters: Translating Courtliness and Violence in Early Modern Eurasia*, Cambridge: Harvard University Press, 2012, p.134.

70 프란치스코 로드리게스 핀토의 증언. AGN, Inquisición, 1601, vol.263, exp.1U, fl.139.

71 Ibid., fl.138.

72 Ibid., fl.446v.

73 AGN, Inquisición, vol.237, fl.446v.

74　AGN, Indif. Virreinal, caja 6596, exp.138, s.f.

75　AGN, Inquisición, vol.237, fl.443.

76　Ibid., fl.444.

77　Ibid., fl.444v.

78　AGN, Inquisición, vol.237, fls.445~445v.

79　Ibid., fl.448.

80　Ibid., fls.451~452v.

81　Ibid., fls.454~455.

82　Ibid., fl.459.

83　Ibid., fl.458v.

84　Ibid., fl.436.

85　Ibid., fl.437.

86　Ibid., fl.440.

87　Ibid., fl.467.

88　Ibid., fl.469.

89　AGN, Real Fisco de la Inquisición, 1599, vol.8, exp.9, fl.270.

90　AGN, Indiferente Virreinal, caja 6596, exp.138, s.f.

91　AGN, Inquisición, vol.237, fl.436.

92　Ibid., fl.446.

93　Ibid., fls.446~447.

94　Ibid., fls.446~446v.

95　Ibid., fl.447.

96　AGN, Inquisición, 1601, vol.263, exp.1U.

97　AGN, Inquisición, vol.237, fl.436.

98　AGN, Real Fisco de la Inquisición, 1599, vol.8, exp.9, fl.263.

99　Ibid., fl.270.

100　Ibid., fl.265.

101　AGN, Real Fisco de la Inquisición, 1599, vol.8, exp.9, fls.266~267.

102　Ibid., fl.268.

103 AGN, Indif. Virreinal, caja 6596, exp.138, s.f.

104 AGN, Civil, vol.2149, exp.7, 1606.

105 AGN, Inquisición, vol.289, exp.9, B.

1장 아시아

1 José Heliodoro da Cunha Rivara, *Archivo Portuguez-Oriental*, Fascículo 4°, Nova Goa: Imprensa Nacional, 1862, pp.179~180.

2 BRAH(Biblioteca de la Real Academia de la Historia, Madrid), Cortes 566, Maço 21, fl.274v.

3 José Heliodoro da Cunha Rivara, *Archivo Portuguez-Oriental*, Fascículo 4°, p.261.

4 Lúcio de Sousa, *The Early European Presence in China, Japan, the Philippines and Southeast Asia, (1555~1590) — The Life of Bartolomeu Landeiro*, Macau: Macau Foundation, 2010, p.87.

5 AGI(Archivo General de Indias), Patronato, 25, R.8(1), fls.32~33.

6 AGI, Patronato, 25, R.8(1), fl.40.

7 ルイス・フロイス, 松田毅一・川崎桃太訳, 『日本史』第10巻, 中央公論社, 1979, p.212.

8 Francisco Colín(1663), *Labor Evangélica de la Compañía de Jesús en las Islas Filipinas por el P. Francisco Colín de la misma Compañía*, vol. I , Barcelona: Imp. de Henrich y Compañia, 1904, 300~301, II, 300.

9 Josef Franz Schütte, *Monumenta Historica Japoniae 1...*, p.387.

10 AGN(Archivo General de la Nación, México), Indif. Virreinal, caja-exp.6729-009, Filipinas 1589~1592, fl.49v.

11 AGN, Indif. Virreinal, caja-exp.6729-009, Filipinas
1589~1592, fl.49v.

12 AGN, Indif. Virreinal, caja-exp.6729-009, Filipinas
1589~1592, fl.27v.

13 Map of Macau, in Hans-Theodor e Hans-Israel de Bry (eds.),
Petits Voyages, vol.8, Frankfurt-am-Main: 1606 [ed. German]
e 1607 [ed. Latin]; Francisco Roque de Oliveira, "Cartografia
antiga da cidade de Macau, c.1600~1700: confronto entre
modelos de representação europeus e chineses", *Scripta
Nova, Revista electrónica de geografia y Ciencias Sociales*,
vol.X, núm.218(53), 2006.

14 AHSCMP(Arquivo Histórico da Santa Casa da Misericórdia do
Porto)/H, Bco.6, n°17, fl.281v.

15 AHM(Arquivo Histórico de Macau), Misericórdia, Legados,
Treslados de Testamentos, testamento de Luzio Loubata, fl.9.

16 ANTT(Arquivo Nacional Torre do Tombo), Inquisição de
Lisboa, Processo de Leonor Fonseca n°13360, unidentified
number.

17 Manuel Lobato, *Politica e Comércio dos Portugueses na
Insulíndia*, Lisboa: Instituto Português do Oriente, 1999, p.87;
Tratado breve em sete capítulos sobre o comércio de Malaca
[c.1600], fls.158~171v, *cap.4° das uiagens se as podem
prohibir os capitães e quaes são do capitão de Malaca*,
ANTT, Ms. da Livraria, n°805, fl.169.

18 José Helidoro da Cunha Rivara, *Archivo Portuguez-Oriental*,
Fascículo 1-2, Nova Goa: Imprensa Nacional, 1876, p.127.
『大航海時代の日本ーボルトガル公文書に見る』, 高瀬弘一郎 역주,
八木書店, 2011, pp.589~592 참고.

19 José Eugenio Borao, "La colonia de Japoneses en Manila en
el marco de las relaciones de Filipinas y Japón en los siglos

ⅩⅥ y ⅩⅦ", *Cuadernos CANELA*, n° 17, 2005, p.12.

20 José Eugenio Borao, "The Massacre of 1603: Chinese Perception of the Spanish on the Philippines", *Itinerario*, vol.23, No.1, 1998, pp.22~39.

21 José Heliodoro da Cunha Rivara, *Archivo Portuguez-Oriental*, Fascículo 3°, parte 2, Nova Goa: Imprensa Nacional, 1861, pp.763~764. 高瀬弘一郎 역주서, p.516 참고.

22 José Eugenio Borao, "La colonia de Japoneses en Manila en el marco de las relaciones de Filipinas y Japón en los siglos ⅩⅥ y ⅩⅦ"..., p.6.

23 ARSI(Archivum Romanum Societatis), Japonica-Sinica, (ARSI, Jap Sin) 16 Ⅱ-b Carta de Manuel Dias de Macau, a 5 de Dezembro de 1615, fl.249v.

24 Lúcio de Sousa, *The Early European Presence in China, Japan...*, p.122.

25 BRAH, Cortes 566, *op. cit.*, no.2.

26 Eikichi Hayashiya, "Los japoneses que se quedaron en México en el siglo ⅩⅦ. Acerca de un samurai en Guadalajara", *México y la Cuenca del Pacífico*, vol.6, núm.18(enero-abril de 2003), p.10.

27 BRAH, Cortes 566, Maço 21, fl.274-v.

28 Lúcio de Sousa, *The Early European Presence in China, Japan...*, pp.133~143.

29 AGI, Filipinas, 27, n.51, fl.313v; Filipinas, 340, 1.3. f.23f~23v.

30 BRAH, Cortes 566, Maço 21, fl.274v.

31 José Heliodoro da Cunha Rivara, *Archivo Portuguez-Oriental*, Fascículo 4°, 268. 高瀬弘一郎譯注書, pp.605~612 참고.

32 Charles R. Boxer, *"Antes quebrar que torcer" ou (pundonor português em Nagasaqui, 3-6 de Janeiro de 1610, Macau)*, Macau: Instituto Português de Hong Kong ― Imprensa

Nacional, 1950, p.10.

33 Zhao Chuncheng, *Monografia Abreviada de Macau*, Guangzhou: Edição da Editora do Ensino Superior de Cantão, 1988, pp.21~22.

34 António Bocarro, *Década 13 da História da Índia*. Lisboa: Academia Real das Sciencias, 1876, cap.CLXXVIII, pp.724~726.

35 Ibid., pp.730~731.

36 José Eugenio Borao, "La colonia de Japoneses en Manila en el marco de las relaciones de Filipinas y Japón en los siglos XVI y XVII"..., p.15.

37 Gabriel de Matos, *Relaçam da Persegviçam que teve a Christandade de Iapam desde Mayo de 1612 atè Novembro de 1614 — Tirada das cartas annuaes que se enviarão ao Padre Geral da Companhia de IESV — Composta pollo P. Gabriel de Matos da Companhia de IESV, Procurador da China, & Iapão, natural da Videgueira*, Lisboa: Officina de Pedro Crasbeeck, 1616, fl.79.

38 ARSI, Jap Sin 113, Anua do Colégio de Macau de 1616, fls.425, 494.

39 BPADE(Biblioteca Pública e Arquivo Distrital de Évora), *Papéis de Dom Francisco Mascarenhas*, Códice 11(Códice CXVI-2-5), fls.225~232.

40 AGI, Filipinas, 29, n.57. Antonio de Morga, *Sucesos de las Islas Filipinas*, Mexico: 1609(Manila, 1961), pp.354~355.

41 José Eugenio Borao, "The Massacre of 1603: Chinese Perception of the Spanish on the Philippines", pp.22~39.

42 AGN, Inquisición, 1610, vol.903, fols 240f-241v.

43 AGN, Indiferente Virreinal, caja-exp.4154-001. Inquisición, 1620, fl.15.

44 AGN, Inquisición, 1621, vol.336, exp.SN, fl.16.

45 Ibid., fl.26.

46 Ibid., fl.306.

47 AGN, Inquisición, 1612, vol.263, fl.168.

48 Ibid., fl.470.

49 François Pyrard de Laval, *Voyage de François Pyrard de Laval: contenant sa navigation aux Indes orientals, Maldives, Moluques, et au Bresil, et les divers accidens qui lui sont arrivez en ce Voyage pendant son séjour de dix ans dans ces Pais ... Avec des Observations géographiques sur le present Voyage... / par le Sieur du Val, Géographe ordinaire du Roy.* vol.II, Paris: Billaine, 1679, pp.226~227.

50 Jean Mocquet(John Mocquet), *Travels and Voyages into Africa, Asia, and America, the East and West-Indies; Syria, Jerusalem, and the Holy Land,* London: Printed for William Nowton, 1696, p.251.

51 Fernando António Almeida, *Fernão Mendes Pinto — Um Aventureiro Português no Extremo Oriente,* Almda: Câmara Municipal de Almada, 2006, p.304.

52 AHSCMP, H, Bco.6, n°17, fl.281v.

53 Josef Franz Wicki (ed), *Documenta Indica,* vol.XVI, Romae: Institutum Historicum Societatis Iesu, 1984, p.301.

54 Francesco Carletti, *Ragionamenti di Francesco Carletti Fiorentino Sopra Le Cose Da Lui Vedute Ne'Suoi Viaggi Si Dell'Indie Occidentali, e Orientali Come d'Altri Paesi...* Firenze: Giuseppe Manni, 1701, p.40.

55 José Heliodoro da Cunha Rivara, *Archivo Português-Oriental,* Fascículo 1°, parte 2, Nova Goa: Imprensa Nacional, 1876, p.127. 高瀬弘一郎譯注書, pp.605~612 참고.

56 Ibid., p.158. 高瀬弘一郎譯注書, p.600 참고.

57 BFUP, Arquivo Ultramarino, Ficheiro 2, Gaveta 1, Divisão

9-10, 26-27 | 2/1 Carta Régia de Filipe II para o Vice-Rei da Índia Martim Afonso de Castro. Lisboa, 6 de Março de 1605, fls.82~84.

58 Jean Mocquet, *Travels and Voyages into Africa, Asia...*, p.252.

2장 스페인령 중남미 지역

1 Claudia Paulina Machuca Chávez, "El alcalde de los chinos en la provincia de Colima durante el siglo XVII: un sistema de representación en torno a un oficio", *Letras Históricas*, No.1(Otoño-Invierno), 2009, p.96.

2 Manuel Castillo Martos, *Bartolemé de Medina y el siglo XVI*, Santander: Servicio de Publicaciones de la Universidada de Cantabria, 2006, p.152.

3 Ibid., p.152.

4 Richard Hakluyt, *The Principal Navigations, Voyages, Traffiques & Discoveries of the English Nation*, vol.XI, New York: AMS Press Inc., 1965, pp.327~417.

5 AGN, Inquisición, vol.237, fls.446~447.

6 AGN, Indiferente Virreinal, caja-exp.5090-069, Matrimonios, 1604 fs.3.

7 Francisco Morales, *Ethnic and Social Background of the Franciscan friars in Seventeenth Century Mexico*, Washington, D.C.: Publications of the Academy of American Franciscan History, 1973, pp.46~53.

8 AGI, Contratacíon, 5325, N.44, fl.2.

9 Ibid., fl.3.

10 Ibid., fl.1.

11 Melba Falck Reyes and Héctor Palacios, "Japanese Merchants

in 17ᵗʰ Century Guadalajara", *Revista Iberoamericana*, 22.2 (2011), p.198; Eikichi Hayashiya, "Los japoneses que se quedaron en México en el siglo XVII, Acerca de un samurai en Guadalajara", *México y la Cuenca del Pacífico*, vol.6, No.18 (enero-abril de 2003), p.14; Miguel León Portilla, "La embajada de los japoneses en México: El testimonio en náhuatl del cronista Chimalpahin" in *El Galeón del Pacífico, Acapulco-Manila 1565~1815*. Coord. Javier Wimer (México: DF: Instituto Guerrerense de Cultura, Gobierno del Estado de Guerrero, 1992), pp.145~146.

12   大泉光一,『政宗の陰謀』, 大空出版, 2016, p.147.

13   Eikichi Hayashiya, "Los japoneses que se quedaron en México en el siglo XVII. Acerca de un samurai en Guadalajara", p.10.

14   Melba Falck Reyes and Héctor Palacios, "Japanese Merchants in 17ᵗʰ Century Guadalajara"..., pp.191~237.

15   Melba Falck Reyes and Héctor Palacios, "Japanese Merchants in 17ᵗʰ Century Guadalajara"..., p.201.

16   AGN, Indiferente Virreinal, caja-exp.5185-065, Industria y Comercio, fs.2.

17   AGN, Indiferente Virreinal, caja-exp.4886-026, General de Parte, Año: sf, fs.2.

18   Archivo Histórico Nacional, Codices, L.752, N.287, Juan Antonio Japón.

19   Eikichi Hayashiya, "Los japoneses...", p.10.

20   AGN, Reales Cedulas Duplicads, Junio 22 de 1644, vol.48, Expediente 327, fls.223~223v.

21   Miguel de Contreras, Noble David Cook, *Padrón de los Indios de Lima en 1613: Padrón de los Indios que se hallaron en la Ciudad de los Reyes del Perú hecho en virtud de Comissió*

del Excmo. Sr. Mrqs. de Montes Claros, Virei del Perú, Lima: Universidad Nacional Mayor de San Marcos, Seminario de Historia Rural Andina, 1968, p.531.

22　Ibid., p.535.

23　Ibid., pp.539~540.

24　Ibid., p.541.

25　Ibid., p.541.

26　Ibid., p.543.

27　Jorge Fonseca, *Escravos a Senhores na Lisboa Quinhentista...*, 336; BPADE, Fundo Notorial, Évora, Liv.36, fl.46.

28　Fonseca, *op. cit.*, p.316.

29　ANTT, Fundo Notorial, Cart.1, Cx.7, Liv.35, fl.85, 15-12-1594.

30　José Heliodoro da Cunha Rivara, *Archivo Português-Oriental...*, Fascículo 4°, p.269; 高瀬弘一郎譯注書, pp.605~612 참고.

31　ANTT, Chancelaria de D. João Ⅲ, Privilégios, Liv.5, fl.293v, 21-04-1556.

32　Archivo Distrital de Setúbal(ADS), Fundo Notorial, Almada, Livro 1/4, fl.86, 03-12-1575.

33　ANTT, Fundo Notorial, Lisboa, Cart.7A, Cx.4, Liv.16, f.26v., 16-06-1574.

34　ANTT, Fundo Notorial, Lisboa, Cart.11, Cx.6, Liv.21, f.101v., 14-11-1594.

35　ANTT, Fundo Notorial, Lisboa, Cart.12A, Cx.1, Liv.3, f.58v., 04-11-1600.

36　Miguel de Contreras, Noble David Cook, *Padrón de los indios de Lima en 1613...*, pp.542~544.

37　Carlos Sempat Assadourian, *El Tráfico de Esclavos en Córdoba, 1588~1610*, Córdoba: Argentina, 1965; Carlos Sempat Assadourian, *El Tráfico de Esclavos en Córdoba de*

Angola a Potosí, siglos X VI-X VII, Córdoba: Argentina, 1966.

38 Luis G Martínez Villada, *Diego López de Lisboa*, Córdoba: Impr. de la Universidad, 1939.

39 AHPC, Registro 1, Año 1596-7, fls.286~287.

40 AHPC, Registro 1, Año 1596-7, fols 286~287. Alejandro Sakuda, *El futuro era el Perú: Cien años o más de inmigración japonesa*, Lima: Esicos, 1999.

41 AHPC, Registro 1, Año 1596-7, fols 286~287.

42 Carlos Sempat Assadourian, *El Tráfico de Esclavos en Córdoba, 1588~1620...*, p.12.

43 Ibid., p.14.

3장 유럽

1 Bernardo Gomes de Brito, *História Tragico-Martíma*, vol.V, Lisboa: Escriptorio, Rua dos Retrozeiros, 1905, p.52; Paulo Guinote, Eduardo Frutuoso, António Lopes, *Naufrágio e outras perdas da "Carreira da Índia" séculos* X VI e X VII. Lisboa: Grupo de Trabalho do Ministério da Educaçao para as Comemorações dos Descobrimentos Portugueses, 1998, p.226.

2 Bernardo Gomes de Brito, *História Trágico-Maritima...*, vol. I , p.31, 60.

3 Jorge Fonseca, *Escravos e Senhores na Lisboa Quinhentista...*, pp.143~144.

4 Ibid., p.148.

5 ANTT, Compromisso da Irmandade da Nossa Senhora do Rosário dos Homens Pretos, 1565, *Prologo*.

6 ANTT, Compromisso da Irmandade da Nossa Senhora do

Rosário dos Homens Pretos, 1565, f.4.

7   Jorge Fonseca, *Escravos e Senhores na Lisboa Quinhentista...*, pp.447~448; ANTT, Chancelaria de D. Filipe I, Doações, Livro 21, fl.228(1591-06-19).

8   Ettore Marcucci, *Lettere edite e inedite di Filippo Sassetti raccolte e annotate*, Firenze: Felice Le Monnier, 1855, pp.125~126.

9   BNL, Cota FG801, *Provizão em que os Portuguezes, não possaõ resgatar, nem captivar Japão algum, e que os que forem a Japão, comprem, e vendão por hum mesmo prezo, e balança*, IV Tomo, 1569~1590, fls.144~144v. *Lei em que os portugueses estão proíbidos de capturar ou escravizar japoneses e os portugueses que forem as Japão comprem e vendam [as suas mercadorias] por um preço único e por uma balança única.*

10   Carta de Frei Marco António Porcari para o Padre Geral da Companhia de Jesus, Cláudio Acquaviva, de Cochim, a 30 de Novembro de 1581. Josef Franz Wicki (ed), *Documenta Indica...*, vol.XII, p.467.

11   ANTT, Fundo Paroquial, Lisboa, Paroquia da Conceição, Liv.1 de Mistos(MF 988), fl.43 v.: -5-2-1573.

12   ANTT, Paróquia da Conceição, Registo de Mistos, Livro dos defuntos, fl.16.

13   Jorge Fonseca, *Escravos e Senhores na Lisboa Quinhentista...*, 108. ANTT, FN, Lisboa, Cart.7A, Liv.87, fl.82v. 23-05-1590.

14   ANTT, Paróquia da Pena, Registo de Casados, fl.38v.

15   Ibid., f.24v.

16   Ibid., f.38.

17   ANTT, Paróquia da Pena, Registo de Casados.

18   Francisco Alexandre Lobo, "Memória Historica e Critica á

cerca de Fr. Luiz de Souza e das suas Obras", *Memorias da Academia Real das Sciencias de Lisboa*, Lisboa: Typografia da Acamemia(1823), p.35; Anónimo, *Advertencias dos meios para preservar se da peste*. Lisboa: Typografia da Academia, 1801.

19   Jorge Fonseca, *Escravos e Senhores na Lisboa Quinhentista...*, 108. ANTT, FN, Lisboa, Cart.7A, Liv.87, fl.82v. 23-05-1590.20 Ibid.

21   ARSI, Jap Sin 3, Carta de Cláudio Acquaviva para Alessandro Valignano, 15.04.1590, fl.15.

22   Jorge Fonseca, *Escravos e Senhores na Lisboa Quinhentista...*,108. ANTT, FN, Lisboa, Cart.7A, Liv.11, fl.11v. 25-09-1598.

23   ANTT, Lisboa, C.17, Cx.4, Livro 16, fl.121.

24   Jorge Fonseca, *Escravos e Senhores na Lisboa Quinhentista...*,108. ANTT, FN, Lisboa, Cart.7A, Liv.11, fl.128. 07-02-1596.

25   Arquivo Familia de Helo, Maço 26, no.16, fl.4.

26   ルイス·フロイス, 松田毅一·川崎桃太訳, 『日本史』第8巻, 中央公論社, 1978, p.278.

27   일역본에서는 판매자의 숫자가 40명인 것으로 서술되어 있지만 정확한 것은 아니다.

28   스페인 국왕 펠리페 2세가 포르투갈 국왕을 겸임했던 해당 시기의 1토스탄 은화는 100레이스에 해당한다. 포르투갈에서 토스탄이라고 불렸던 은화는 스페인에서는 토스톤이라고 불렸다.

29   Manuel Alvar, *Nebrija y Estudios sobre la Edad de Oro*. Madrid: Consejo Superior de Investigaciones Científicas, 1997, p.47.

30   「第九八号ローマ市バチカン文書館文書」, 『大日本史料』 第十二編之十二, 東京大學史料編纂所編, 1982, pp.251~254.

31 Elena Gallego, "El legado humano de la mision Hasekura", *Cuadernos CANELA: 29.*

32 Francisco Morales Padrón, *Memorias de Sevilla. (Noticias del siglo XVII)*, Córdoba: 1981, p.151.

33 Scipione Amati Romano, *Historia del regno di Voxv del Giapone, dell'antichita, nobilta...* Roma: Appresso Giacomo Mascardi, 1615, cap.XVIII, p.32.

34 Juan Gil, *Hidalgos y Samurais: España y Japón en los siglos XVI y XVII*. Madrid: Alianza Editorial, 1991, pp.394~395, Christina H. Lee, "The Perception of the Japanese in Early Modern Spain", *eHumanista* 11, 2008, p.349.

35 「第九八八号ローマ市バチカン文書館文書」, 『大日本史料』第十二編之十二.

36 Scipione Amati Romana, *op. cit.*, cap.XXIII, p.47.

37 Christina H. Lee, "The Perception of the Japanese in...", p.372.

38 Elena Gallego, "El legado humano...", p.29; Nobuko Adachi, *Japanese and Nikkei at Home and Abroad: negotiating identities in a global world*, Amherst. NY: Cambria Press, 2010, p.114.

39 AGI, Contratación, 5387, n.53.

40 Fernández Gómez, *La embajada japonesa de 1614 a la Ciudad de Sevilla*, Sevilla: Comisaría de la Ciudad de Sevilla para 1992 Ayuntamiento de Sevilla, 1991, p.41; Christina H. Lee, "The Perception of the Japanese in...", p.349.

41 Manuel Alvar, *Nebrija y Estudios sobre la Edad de Oro...*, p.311.

42 Nobuko Adachi, *Japanese and Nikkei at Home and Abroad...*, pp.115~116.

43 Elena Gallego, "El legado humano...", p.25.

1   ARSI, Jap-Sin 10-II, fl.272.

2   RAH, Cortes 566, Maco 21, fls.274v.

3   Jorge de Gouveia, Relaçam da ditosa morte, de quarenta e sinco christaõs, que em Japaõ morreraõ polla confissaõ da Fé Catholica, em Novembro de 614: tirado de hum processo autentico / pello Padre Jorge de Gouvea. Lisboa: oficina de Pedro Craesbeeck, 1617, fls.77-78.

4   BNM, Jesuitas, Legajo 21, fl.40, Capítulo 2-8.

5   RAH, Cortes 566, Maço 21, fl.275.

6   BNM, Jesuitas, Legajo 21, fl. 40, Capítulo 2-8.

7   五野井隆史, 『徳川初期キリシタン史の研究』, 吉川弘文館, 1992, 259쪽.

8   ルシオ・デ・ソウザ, 「一六〜一七世紀のポルトガル人によるアジア奴隷貿易」中島楽章編, 『南蛮・唐人・紅毛』, 思文閣出版, 2013.

9   Jesús López Gay, S. J., "Un Documento Inédito del P. G. Vázquez. (1549-1604) sobre los Problemas Morales del Japón", Monumenta Nipponica, vol. XVI (1960-61): 137.

10   ARSI, Jap Sin 12 I, Carta de Pedro Gómez para Claudio Acquavica, 22 de Março de 1594, fl.182.

11   Jesús López Gay, "Un Documento Inédito", 123-127.

12   Luis Fróis, Lettera annua del Giappone dell'anno M.D.XCVI. scritta dal P. Luigi Frois, al R. P. Claudio Acquaviva Generale della Compagnia di Giesù. Tradotta in Italiano dal P. Francesco Mercati Romano della stessa Compagnia. Roma: Luigi Zannetti, 1599, 137.

13   ARSI, Jap Sin 29, fol.140; Luis Ruiz-de-Medina, El Martirologio.

14 ARSI, Jap Sin 58, fl.72v.

15 ARSI, Jap Sin 52, fl.137v.

16 ARSI, Jap Sin, 58, fl.198.

17 일문 번역본에 이 문장은 없다(유사한 문장은 역서 218쪽 참조). 저자가 참조한 저본과 일문 번역본의 저본이 다르기 때문이라고 생각된다. 저자가 참조한 것은 로마 예수회 문서관 소장 사본이다. ARSI, Jap Sin 58, fl.198.

18 "arrivammo a falvamento nel Mefe di Giugno nel medefimo anno 1597 in una di effe detta Naganfachi 1597 dove pigliammo Porto". Francesco Carletti, *Ragionamenti*, 9.

19 Reinier H. Hesselink, "An Anti-Christian Register from Nagasáqui", *Bulletin of Portuguese - Japanese Studies*, vol. 18-19, 2009, Universidade Nova de Lisboa.

20 岡美穂子,『商人と宣教師-南蛮貿易の世界』, 東京大学出版会, 2010, 182쪽.

21 AHM, Misericórdia, Legados, Treslados de testamentos, testamento de Pero Roveredo, fl. 10.

22 Luis Conzaga Gomes, *Macau: a municipality with History*. Macau: Loyal Senate of Macau, 1997.

23 Fr. Fulvius Gregorii S.J. et P.A. Laerzio S.J., P. Ioanni B. Pescatore S.J, Rectori Noviciatus Romani. Wicki, *Documenta Indica*, XII, 880.

24 藤田緑,「日本史における「黒坊」の登場-アフリカ往来事始」, 『比較文學研究』51호, 東大比較文學會, 1987, 28-51쪽.

25 Diego Yuuki S.J., *Benedict Fernandes, Japan, 1579-1633*. Macau: Territorial Commission of Macau for the Celebrations of the Portuguese Discoveries, 1997.

26 Lorenzo Perez, *Relaciones de Fr. Diego de San Francisco sobre las persecuciones del Cristianismo en el Japon (1625-1632)*. Madrid: Archivo Ibero Americano, 1914, 8, 16.

◆ 참고문헌 ◆

1차 사료

AGI(Archivo General de Indias, Spain/인디아스문서관, 스페인)
  Contratación, 5325, N.44
  Contratación, 5387
  Patronato, 25, R.8(1)
  Filipinas, 27, n.51
  Filipinas, 29
  Filipinas, 340

AGN(Archivo General de la Nación, Mexico City/멕시코국가문서관,
멕시코)
  Civil, vol.2149, exp.7
  Inquisición, vol.237
  Inquisición, vol.263
  Inquisición, vol.289
  Inquisición, vol.456
  Inquisición, 1610, vol.903
  Inquisición, 1612, vol.263
  Inquisición, 1621, vol.336
  Indiferente Virreinal, caja-exp.5185-065, Industria y Comercio
  Indiferente Virreinal, caja-exp.4886-026, General de Parte
  Indiferente Virreinal, caja 6596, exp.138
  Indiferente Virreinal, caja-exp.5090-069, Matrimonios, 1604
  Indiferente Virreinal, caja-exp.6729-009, filipinas 1589-1592

Indiferente Virreinal, caja-exp.4154-001
Real Fisco de la Inquisición, vol.8, exp.9, 1599
Reales Cedulas Duplicards, vol.48, Expediente 327

AHM(Arquivo Histórico de Macau, Macau/마카오역사문서관)
Santa Casa da Misericórdia de Macau, Legados, Treslados de
Testamentos

AHSCMP(Arquivo Histórico da Santa Casa da Misericórdia do Porto,
Portugal/포르토 미세리코르디아 문서관, 포르투갈)
H, Bco.6, n°17

ANTT(Arquivo Nacional Torre do Tombo, Portugal/토레도톰보국립문서관,
포르투갈)
Chancelaria de D. João III, Privilégios, Liv.5
Chancelaria de D. Filipe I, Doações, Livro 21
Compromisso da Irmandade da Nossa Senhora do Rosário dos
Homens Pretos, 1565
Fundo Paroquial, Lisboa, Paroquia da Conceição, Liv.1 de
Mistos(MF988)
Fundo Notorial, Cart.1, Cx.7, Liv.35
Fundo Notorial, Lisboa, Cart.7A, Cx.4, Liv.16
Fundo Notorial, Lisboa, Cart.11, Cx.6, Liv.21
Fundo Notorial, Lisboa, Cart.12A, Cx.1, Liv.3
Fundo Notorial, Lisboa, Cart.7A, Liv.87
Fundo Notorial, Lisboa, C.17, Cx.4, Liv.16
Inquisição de Lisboa, Processo de Leonor Fonseca n°13360
Ms. da Livraria, n°805
Paróquia da Conceição, Registo de Mistos, Livro dos Defuntos
Paróquia da Pena, Registo de Casados

ADS(Arquivo Distrital de Setúbal, Portugal/세투발지방문서관, 포르투갈)
Fundo Notorial, Almada, Livro 1/4

AHPC(Archivo Histórico de la Provincia de Córdoba, Argentine/
코르도바역사문서관, 아르헨티나)
Registro 1, Año 1596-7

ARSI(Archivum Romanum Societatis Iesu, Italy/로마예수회문서관,
이탈리아)
Jap Sin 3
Jap Sin 16 II-b
Jap Sin 113

BNL(Biblioteca Nacional em Lisboa, Portugal/리스본국립도서관, 포르투갈)
Cota FG801

BAL(Biblioteca da Ajuda, Lisboa, Portugal/아주다도서관, 포르투갈)
Jesuítas na Ásia, Códice 49-V-3

BFUP(Biblioteca Filmoteca Ultramarina Portuguesa/해외영토사료관,
포르투갈)
Arquivo Ultramarino, Ficheiro 2, Gaveta 1, Divisão 9-10, 26-27 |
2/1

BPADE(Biblioteca Pública e Arquivo Distrital de Évora, Portugal/
에보라공립도서관·문서관, 포르투갈)
Fundo Notorial, Évora, Liv.36
Papéis de Dom Francisco Mascarenhas, Códice 11(Códice CXVI-
2-5)

BRAH(Biblioteca de la Real Academia de la Historia de Madrid, Spain/
왕립사학사원도서관, 스페인)
Cortes 566, Maço 21

고전 간행사료집

ルイス·フロイス, 松田毅一·川崎桃太訳, 『日本史』第8巻, 中央公論社, 1978-
79.
東京大學史料編纂所編, 『大日本史料 第十二編之十二』, 1982.
ALVARES, Thomaz, *Advertencias dos meios para preservar se da
peste*, Lisboa: Typografia da Academia, 1801.
BARROS, João de, *Decada Primeira da Asia*, Lisboa: Impressa por
Jorge Rodriguez, 1628.
BOCARRO, António, *Década 13 da História da Índia*, Lisboa:
Academia Real das Sciencias, 1876.
BRAGA, José Maria, *Jesuitas na Ásia*, Macau: Fundação de Macau,
1998.
BRY, Hans-Theodor e Hans-Israel de (eds.), *Petits Voyages*, vol.8,
Frankfurt-am-Main: 1606 [ed. German] e 1607 [ed. Latin].
BULHÃO PATO, António de, *Documentos Remettidos da India*,
Tomo II, Lisboa: Typografia da Academia Real das Sciências,
1884.
CARLETTI, Francesco, *Ragionamenti di Francesco Carletti
fiorentino Sopra Le Cose Da Lui Vedute Ne'Suoi Viaggi
Si Dell'Indie Occidentali, e Orientali Come d'Altri Paesi...*
Firenze: Giuseppe Manni, 1701.
CUNHA RIVARA, José Heliodoro da, *Archivo Portuguez-
Oriental*(doravante APO), Fasc.3, parte 2, Nova Goa: Imprensa

Nacional, 1861.

CUNHA RIVARA, José Helidoro da, *Archivo Portuguez-Oriental*, Fascículo 4°, Nova Goa: Imprensa Nacional, 1862.

CUNHA RIVARA, José Helidoro da, *Archivo Portuguez-Oriental*, Fascículo 1°, parte 2, Nova Goa: Imprensa Nacional, 1876.

COLIN, Francisco, *Labor Evangélica de la Compañía de Jesús en las Islas Filipinas por el P. Francisco Colín de la misma Compañía*, Vol. I , Barcelona(1663): Imp. de Henrich y Compañía, 1904, 300-301, II.

CONTRERAS, Miguel de, Noble David Cook e Mauro Escobar Gamboa (ed.), *Padrón de los indios de Lima en 1613: padrón de los Indios que se hallaron en la Ciudad de los Reyes del Perú hecho en virtud de Comissió del Excmo. Sr. Mrqs. de Montes Claros, Virei del Perú*, Lima: Universidad Nacional Mayor de San Marcos, Seminário de Historia Rural Andina, 1968.

FROIS, Luís, WICKI, Josef, S. J. (ed.), *Historia de Japam*, vol.2, Lisboa: Biblioteca Nacional, 1983.

GOMES DE BRITO, Bernardo, *História Tragico-Maritíma*, vol.V, Lisboa: Escriptorio Ruados Retrozeiros, 1905.

GUINOTE Paulo, Eduardo FRUTUOSO, António LOPES, *Naufrágio e outras perdas da "Carreira da Índia" séculos XVI e XVII*, Lisboa: Grupo de Trabalho do Ministério da Educação para as Comemorações dos Descobrimentos Portugueses, 1998.

HAKLUYT, Richard, *The Principal Navigations, Voyages, Traffiques & Discoveries of the English Nation*, Vol.XI, New York: AMS Press Inc., 1965.

LAVAL, Françõis Pyrard de, *Voyage de François Pyrard de Laval: contenant sa navigation aux Indes orientales, Maldives, Moluques, et au Bresil, et les divers accidens qui lui sont*

arrivez en ce Voyage pendant son séjour de dix ans dans ces
Pais ... Avec des Observations géographiques sur le present
Voyage... / par le Sieur de Val, Géographe ordinaire du Roy.
vol. II, Paris: Billaine, 1679.

LOBO, Francisco Alexandre, "Memória Historica e Critica á
cerca de Fr. Luiz de Souza e das suas Obras", *Memorias da
Academia Real das Sciencias de Lisboa*, Lisboa: Typografia
da Academia, 1823.

MATOS, Gabriel de, *Relaçam da Persegviçam que teve a
Christandade de Iapam desde Mayo de 1612 atè Novembro
de 1614 — Tirada das cartas annuaes que se enviarão ao
Padre Geral da Companhia de IESV — Composta pollo P.
Gabriel de Matos da Companhia de IESV, Procurador da
China, & Iapão, natural da Videgueira*, Lisboa: Officina de
Pedro Crasbeeck, 1616.

MENDES PINTO, Fernão, Fernando António Almeida (ed.) — *Um
Aventureiro Português no Extremo Oriente*, Almada: Câmara
Municipal de Almada, 2006.

MOCQUET, Jean, *Travels and Voyages into Africa, Asia, and
America, the East and West-Indies; Syria, Jerusalem, and the
Holy Land*, London: Printed for William Nowton, 1696.

MORGA, Antonio de, *Sucesos de las Islas Filipinas*, Mexico:
1609 (repr. Manila, 1961).

OÑATE, Alonso, "Palavras de Alonso de Oñate — procurador
general de los mineros y proprietario de minas en
Ixmiquilpan —(1585?)", Manuel Castillo Martos, *Bartolomé de
Medina y el siglo XVI*, Santander: Servicio de Publicaciones
de la Universidad de Cantabria, 2006.

SASETTI, Filippo Sassetti, *Lettere edite e inedite di Filippo Sassetti
raccolte e annotate da Ettore Marcucci*, Firenze: Felice le

Monnier, 1855.

SCIPIONE AMATI, Romano, *Historia del regno di Voxv del Giapone, dell'antichita, nobilta...* Roma: Appresso Giacomo Mascardi, 1615.

SHÜTTE, Josef Franz, S. J., *Monumenta Missionum Societatis IESU － Monumenta Historica Japoniae I － Textus Catalogorum Japoniae 1553~1654*, Rome: Monumenta Histórica Societatis IESU a Patribus Eiusdem Societatis Edita, 1975.

SOLIER, François, *Histoire Ecclesiastique des Isles Et Royaumes du Japon*, vol.1, Paris: Sébastian Cramoisy, 1627.

WICKI, Josef, S. J. (ed.), *Documenta Indica*, vol.Ⅻ, ⅩⅥ, Roma: Monumenta Historica Socientatis Iesu, 1972, 1984.

단행본 및 논문

岩生成一, 『續 南洋日本町の研究』, 岩波書店, 1987.

岩生成一, 「松倉重政の呂宋島遠征計畫」, 『史學雜誌』 45-9, 1934.

大城徹三, 『日本移民發祥の地コルドばーアルゼンチン・コルドば州日本人100年史』, らぷらた報知社, 1997.

大泉光一, 『メキシコにおける日本人移住先史の研究ー伊達藩士ルイス・福地藏人とその一族』, 文真堂, 2002.

岡本良知, 『十六世紀日歐交通史の研究』, 原書房, 1974(초판 1942).

鹿毛敏夫, 『アジアのなかの戰國大名ー西國の群雄と經營戰略』, 吉川弘文館, 2015.

北原惇, 『ポルトガルの殖民地形成と日本人奴隷』 花傳社, 2013.

下重清, 『〈身売り〉の日本史ー人身売買から年季奉公へ』, 吉川弘文館, 2012.

高瀬弘一郎, 『キリシタン時代對外關係の研究』, 吉川弘文館, 1994.

高瀬弘一郎, 『モンスーン文書と日本ー十七世紀ポルトガル公文書集』, 八木書店, 2006.

高瀬弘一郎,『大航海時代の日本―ポルトガル公文書に見る』,八木書店, 2011.

藤木久志『新版 雑兵たちの戦場―中世の傭兵と奴隷狩り』,朝日選書, 2005.

メルバ·ファルク·レジェス, エクトル·バラシオス,『グアダラハラを征服 した日本人―十七世紀メキシコに生きたフアン·デ·パエスの數奇な る生涯』,服部綾乃, 石川隆介譯, 現代企劃室, 2010.

ルイオ·デ·ソウザ, 「十六 ~ 十七世紀のポルトガル人によるアジア奴隷 貿易―ヴィクトリア·ディアス ある中國人女性奴隷を追って」, 小澤一郎, 岡美穂子譯,『南蠻·紅毛·唐人 一六·一七世紀の東アジア海域』, 中島樂章編, 思文閣出版, 2013.

レオン·パジェス, 吉田小五郎譯,『日本切支丹宗門史』, 岩波文庫(초판 1940).

渡邊大門,『人身買賣·奴隷·拉致の日本史』, 柏書房, 2014.

ADACHI, Nobuko(足立伸子), *Japanese and Nikkei at Home and Abroad: negotiating identities in a global world*, Amherst, NY: Cambria Press, 2010.

ALVAR, Manuel, *Nebrija y Estudios sobre la Edad de Oro*, Madrid: Consejo Superior de Investigaciones Científicas, 1997.

ÁLVAREZ-TALADRIZ, José Luis, "Apuntes sobre el Cristianismo y la Esclavitud en Japon", Apêndice a Alessandro Valignano, *Adiciones del Sumario de Japon*, Sophia University, 1970.

AMARO, Bébio Mario, "Nagasaki as Emporium: History and Social Composition in its Initial Years," in *Vanguards of Globalization: Port Cities from the Classical to the Modern*, Primus Books, 2014.

ASSADOURIAN, Carlos Sempat, *El Tráfico de Esclavos en Córdoba, 1588~1610*, Córdoba(Argentina): Universidad de Córdoba, 1965.

ASSADOURIAN, Carlos Sempat, *El Tráfico de Esclavos en Córdoba de Angola a Potosí, siglos XVI-XVII*, Córdoba,(Argentina):

Universidad de Córdoba, 1966.

BORAO, José Eugenio, "The Massacre of 1603: Chinese Perception of the Spanish on the Philippines", *Itinerario*, vol.23, No.1, 1998.

BORAO, José Eugenio, "La colonia de Japoneses en Manila en el marco de las relaciones de Filipinas y Japón en los siglos XVI y XVII", *Cuadernos CANELA*, n°17, 2005.

BOXER, Charles, *"Antes quebrar que torcer" ou pundonor português em Nagasaqui, 3-6 de Janeiro de 1610, Macau*, Macau: Instituto Português de Hong Kong-Imprensa Nacional, 1950.

CHÁVEZ, Claudia Paulina, "El alcalde de los chinos en la provincia de Colima durante el siglo XVII: un sistema de representación en torno a un oficio", *Letras Históricas*, No.1, Otoño-Invierno, 2009.

CRUZ, António João Cruz, "A teia de um crescimento-Viseu do séc. XVI ao séc. XX," *Programa da Feira Franca de S. Mateus*, Viseu: Câmara de Viseu, 1986.

ELISONAS, Jurgis, *Christianity and the Daimyo*, John Whitney Hall, Marius B. Jansen, Madoka Kanai, Denis Twitchtt (ed.), *The Cambridge History of Japan: Early Modern Japan*, vol.IV, Cambridge University Press, 1991.

FONSECA, Jorge, *Escravos e Senhores na Lisboa Quinhentista*, COLIBRI, 2010.

GALLEGO, Elena, "El legado humano de la mision Hasekura", *Cuadernos CANELA*: 29.

GIL, Juan, "Chinos en España en el siglo XVI", *Stvdia*, 58/59, 2002.

GIL, Juan, *Hidalgos y Samurais: España y Japón en los siglos XVI y XVII*, Madrid: Alianza Editorial, 1991.

JIN GUO PING, Wu Zhiliang, "A (des) canibalização dos portugueses", *Revita de Cultura*, n.16, 2005.

GÓMEZ, Fernández, *La Embajada Japonesa de 1614 a la Ciudad de Sevilla*, Sevilla: Comisaría de la Ciudad de Sevilla para 1992-Ayuntamiento de Sevilla, 1991.

HAYASHIYA, Eikichi(林屋永吉), "Los japoneses que se quedaron en México en el siglo XVII. Acerca de un samurai en Guadalajara", *México y la Cuenca del Pacífico*, vol.6, No.18(jan.-abr. 2003)

HESSELINK, Reinier H., "An Anti-Christian Register from Nagasáqui", *Bulletin of Portuguese/Japanese Studies* vols.18/19(Lisbon, 2009).

IWAO, Seiichi(岩生成一), *Early Japanese Settles in the Philippines*, Tokyo: Foreign Affairs Association of Japan, 1943(Reprint in *Contemporary Japan*, vol.XI, Nos.1-4).

LEE, Christina H., "The Perception of the Japanese in Early Modern Spain: Not Quite 〈The Best People Yet Discovered〉", *eHumanista-Journal of Iberian Studies*, 11, 2008.

LOBATO, Manuel, *Comércio dos Portugueses na Insulíndia*, Lisboa: Instituto Português do Oriente, 1999.

MARTOS, Manuel Castillo, *Bartolomé de Medina y el siglo XVI*, Servicio de Publicaciones de la Universidad de Cantabria, 2006.

MEDINA, Juan Ruiz-de, "Gómez, Pedro," in Maria Antónia Espadinha, and Leonor Seabra (ed.), *Missionação e Missionários na História de Macau*, Universidade de Macau, 2005.

NELSON, Thomas, "Slavery in Medieval Japan", *Monumenta Nipponica* 59, No.4, 2004.

MORALES, Francisco, *Ethnic and Social Background of the Franciscan Friars in Seventeenth Century Mexico*, Publications of the Academy of American Franciscan History,

1973.

OLIVEIRA, Francisco, Roque de, "Cartrografia antiga da cidade de Macau, c.1600-1700: confronto entre modelos de representação europeus e chineses", *Scripta Nova. Revista Electrónica de Geografia y Ciencias Sociales*, vol.X, núm,218(53), 2006.

PAGES, Léon, *Histoire de la Religion Chrétienne au Japon depuis 1598 jusqu'à 1651 comprenant les faits relatifs aux deux cent cinq martyrs béatifiés*, 2 vols, Paris: Charles Douniol, 1867.

PADRÓN, Francisco Morales, *Memorias de Sevilla. (Noticias del siglo XVII)*, Córdoba: 1981.

PORTILLA, Miguel León, "La embajada de los japoneses en México: El testimonio en náhuatl del cronista Chimalpahin" in Javier Wimer (ed.), *El Galeón del Pacifico, Acapulco-Manila 1565~1815*, Instituto Guerrerense de Cultura, Gobierno del Estado de Guerrero, 1992.

REYES, Melba Falck, & Héctor Palacios, "Japanese Merchants in 17th Century Guadalajara", *Revista Iberoamericana*, 22, No.2, 2011.

SEABRA, Leonor Diaz, *O Compromisso da Misericórdia de Macau de 1627*, Universidade de Macau, 2003.

SEABRA, Leonor Diaz, *A Misericórdia de Macau (Séculos XVI a XIX) Irmandade, Poder e Caridade na Idade do Comércio*, Universidade de Macau, 2011.

SOUSA, Ivo Carneiro de, *A Outra Metade do Céu*, Saint Joseph Academic Press, 2011.

SOUSA, Lúcio de, "The Military Questions in the Commerce between Macau and Nagasáqui in 1587," *Review of Culture*, n.27, 2008.

SOUSA, Lúcio de, *The Early European Presence in China, Japan,*

the *Philippines and Southeast Asia, (1555~1590) — The Life
of Bartolomeu Landeiro*, Macau Foundation, 2010.

SOUSA, Lúcio de, *The Jewish Diaspora and the Perez Family Case
in China, Japan, the Philippines, and the Americas*, Macau
Foundation, 2015.

SUBRAHMANYAM, Sanjay, *Courtly Encounters: Translating
Courtliness and Violence in Early Modern Eurasia*, Cambridge:
Harvard University Press, 2012.

TAKIZAWA, Osami(滝澤修身), "La delegación diplomática
enviada a Roma por el Señor Feudal Japonés Date
Masamune(1613~1620)", *Boletín de la Real Academia de la
Historia*, Tomo 205, Cuaderno 1, 2008.

VILLADA, Luis G. Martínez, *Diego López de Lisboa*, Córdoba: Impr.
de la Universidad, 1939.

WICKI, Josef S. J., "Die "Judeo-conversos" in der Indischen Provinz
der Gesellschaft Jesu von Ignatius bis Acquaviva" *Archivum
Historicum Societatis Iesu*, 46, 1977.

ZHAO Chuncheng, *Monografia Abreviada de Macau*, Guangzhou:
Edição da Editora do Ensino Superior de Cantão, 1988.